Wolfgang Lassmann / Jens Schwarzer (Hrsg.)
Optimieren und Entscheiden in der Wirtschaft

EAGLE 013:

www.eagle-leipzig.de/013-lassmann.htm

Edition am Gutenbergplatz Leipzig

**Gegründet am 21. Februar 2003 in Leipzig.
Im Dienste der Wissenschaft.**

Hauptrichtungen dieses Verlages für Forschung, Lehre
und Anwendung sind:
Mathematik, Informatik, Naturwissenschaften,
Wirtschaftswissenschaften, Wissenschafts- und Kulturgeschichte.
Die Auswahl der Themen erfolgt in Leipzig in bewährter Weise.
Die Manuskripte werden lektoratsseitig betreut, von führenden
deutschen Anbietern professionell auf der Basis Print on Demand
produziert und weltweit vertrieben. Die Herstellung der Bücher
erfolgt innerhalb kürzester Fristen. Sie bleiben lieferbar; man kann
sie aber auch jederzeit problemlos aktualisieren.
Das Verlagsprogramm basiert auf der vertrauensvollen
Zusammenarbeit mit dem Autor.

"EAGLE-STARTHILFEN" aus Leipzig erleichtern den
Start in ein Wissenschaftsgebiet.

Einige der Bände wenden sich gezielt an Schüler, die ein
Studium beginnen wollen, sowie an Studienanfänger.
Diese Titel schlagen eine Brücke von der Schule zur Hochschule
und bereiten den Leser auf seine künftige Arbeit mit
umfangreichen Lehrbüchern vor.

Starthilfen des Wissenschaftsverlages
"Edition am Gutenbergplatz Leipzig" (EAGLE)
erscheinen seit 2004. Sie eignen sich auch zum Selbststudium
und als Hilfe bei der individuellen Prüfungsvorbereitung
an Universitäten, Fachhochschulen und Berufsakademien.

Jeder Band ist inhaltlich in sich abgeschlossen und leicht lesbar.

EAGLE-STARTHILFE: www.eagle-leipzig.de/starthilfe.htm

Wolfgang Lassmann / Jens Schwarzer (Hrsg.)

Optimieren und Entscheiden in der Wirtschaft

Gewidmet dem Nobelpreisträger
Leonid W. Kantorowitsch

Mit seiner Nobelpreisrede vom Dezember 1975

EAG.LE Edition am Gutenbergplatz
Leipzig

Bibliografische Information der Deutschen Bibliothek
Die Deutsche Bibliothek verzeichnet diese Publikation in der Deutschen Nationalbibliografie;
detaillierte bibliografische Daten sind im Internet über http://dnb.ddb.de abrufbar.

Prof. Dr. Dr. h.c. Wolfgang Lassmann
Geboren 1938 in Lauban. 1958-1964 Ingenieurwissenschaftliches Studium an der
Technischen Hochschule Leipzig. 1965-1968 Postgradualstudien Betriebswirtschaftslehre,
Wirtschaftsmathematik und Wirtschaftsinformatik an der Universität Leipzig. 1970 Promotion
"Mathematische Entscheidungsfindung" an der Martin-Luther-Universität Halle-Wittenberg.
1979 Habilitation "Entwicklung und Begründung der Komplexmethode" an der Martin-Luther-
Universität Halle-Wittenberg. 1984-1992 Universitätsprofessor für Wirtschaftsinformatik in Halle,
seit 1992 Universitätsprofessor für Wirtschaftsinformatik und Operations Research in Halle.
1997-1999 Dekan der Wirtschaftswissenschaftlichen Fakultät der Martin-Luther-Universität
Halle-Wittenberg. 1999-2003 Prorektor für Informationstechnologien und universitäre
Kommunikationssysteme der Martin-Luther-Universität Halle-Wittenberg.

Diplom-Wirtschaftsinformatiker Dr. Jens Schwarzer
Geboren 1974 in Dessau. 1990-1991 Spezialklasse für Mathematik und Physik der Martin-
Luther-Universität Halle-Wittenberg. 1991-1992 Abitur am mathematisch-naturwissenschaftlich-
technischen Gymnasium "Georg Cantor" Halle. 1993-1998 Studium der Wirtschaftsinformatik
an der Martin-Luther-Universität Halle-Wittenberg. 1999 Mitgründer der itCampus Software-
und Systemhaus GmbH Leipzig. 1999-2003 Wissenschaftlicher Mitarbeiter am Institut für
Wirtschaftsinformatik und Operations Research an der Martin-Luther-Universität Halle-Wittenberg.
Seit 2003 freier wissenschaftlicher Unternehmensberater. 2004 Promotion "Lernverfahren für
evolutionär optimierte Künstliche Neuronale Netze auf der Basis Zellulärer Automaten"
an der Martin-Luther-Universität Halle-Wittenberg.

Erste Umschlagseite: Verleihung des Nobelpreises für Wirtschaftswissenschaften, Stockholm 1975.
Die Herausgeber danken der Nobel Foundation in Stockholm.
Vierte Umschlagseite: Dieses Motiv zur BUGRA Leipzig 1914 (Weltausstellung für Buchgewerbe und
Graphik) zeigt neben B. Thorvaldsens Gutenbergdenkmal auch das Leipziger Neue Rathaus sowie
das Völkerschlachtdenkmal.

Für vielfältige Unterstützung sei der Teubner Stiftung in Leipzig gedankt.

Warenbezeichnungen, Gebrauchs- und Handelsnamen usw. in diesem Buch berechtigen auch ohne
spezielle Kennzeichnung nicht zu der Annahme, dass solche Namen im Sinne der Warenzeichen- und
Markenschutz-Gesetzgebung als frei zu betrachten wären und von jedermann benutzt werden dürften.

EAGLE 013: www.eagle-leipzig.de/013-lassmann.htm

Das Werk einschließlich aller seiner Teile ist urheberrechtlich geschützt. Jede Verwertung außerhalb
der engen Grenzen des Urheberrechtsgesetzes ist ohne Zustimmung des Verlages unzulässig und
strafbar. Das gilt besonders für Vervielfältigungen, Übersetzungen, Mikroverfilmungen und die
Einspeicherung und Verarbeitung in elektronischen Systemen.

© Edition am Gutenbergplatz Leipzig 2004

Printed in Germany
Umschlaggestaltung: Sittauer Mediendesign, Leipzig
Herstellung: Books on Demand GmbH, Norderstedt

ISBN 3-937219-13-7

Vorwort

In diesen Monaten jährt sich zum zwanzigsten Male das Jubiläum der Verleihung der Ehrendoktorwürde durch die Wirtschaftswissenschaftliche Fakultät der Martin-Luther-Universität Halle-Wittenberg an den Nobelpreisträger Leonid W. Kantorowitsch. Kantorowitsch gehört zu den bedeutendsten Wirtschaftswissenschaftlern des vergangenen Jahrhunderts. Er ist der Begründer der Theorie zur optimalen Allokation von Ressourcen und hat sich erhebliche Verdienste auf dem Gebiete der Linearen Optimierung erworben. Seine Forschungsarbeiten führte er auch in Kooperation mit der Martin-Luther-Universität in Halle durch.

Dieses Buch fasst in Gedenken an Leonid W. Kantorowitsch aktuelle Beiträge zu den Themen Optimierung und Entscheidungsunterstützung in der Wirtschaft von Wegbegleitern Kantorowitschs und weiteren Wissenschaftlern der Martin-Luther-Universität zusammen. Neben Arbeiten zur Weiterentwicklung der Linearen Optimierung wird in den Artikeln insbesondere die starke Bedeutung der Informationstechnik deutlich. Die von Kantorowitsch bereits frühzeitig erkannten wirtschaftswissenschaftlichen Einsatzmöglichkeiten von Computersystemen werden an Beispielen aus den Bereichen Simulation, Wissensmanagement, E-Learning und Logistik demonstriert.

An dieser Stelle danken wir der Nobel Foundation für die Genehmigung des Abdrucks der Nobelpreisrede Kantorowitschs. Eine Übersetzung der Rede ist ebenfalls Bestandteil dieses Buches. Besonderer Dank gilt auch Prof. Dr. Waleri L. Makarow von der Russischen Akademie der Wissenschaften, der die traditionelle Forschungskooperation zwischen den Universitäten Halle und Moskau fortgesetzt hat. Bedanken möchten wir uns weiterhin beim Verlag Edition am Gutenbergplatz Leipzig, insbesondere Herrn Weiß, der das Erscheinen des Buches erst möglich gemacht hat.

Halle / Saale, August 2004

Wolfgang Lassmann

Jens Schwarzer

Hauptgebäude der Martin-Luther-Universität Halle-Wittenberg

Inhalt

Lassmann, Wolfgang
  Zur Erinnerung an L. W. Kantorowitsch 9

Kantorowitsch, Leonid W. (1912 – 1986)
  Nobelpreisrede vom Dezember 1975:
  Mathematik in der Wirtschaft: Erfolge, Probleme, Perspektiven 13

Kantorowitsch, Leonid W. (1912 – 1986)
  Festvortrag zur Verleihung der Ehrendoktorwürde 27

Ahlert, Marlies
  Mathematische Modellierungen von Verhandlungen – Zwei Konzepte im Vergleich .. 35

Arndt, Stefan
  Simulationsbasierte Optimierung 43

Grecksch, Wilfried
  Wong-Zakai Approximation of a Fractional Stochastic Partial Differential Equation .. 51

Maier, Ronald
  Knowledge Work and Knowledge Management Systems 57

Makarow, Waleri L.
  An Importance of Optimization Technique for Economics................................ 71

Picht, Jochen; Kretschmar, Falk
  Blended e-Learning at the University - Evaluation of e-Learning Options...... 75

Rogge, Rolf
  Linear 0-1-Optimization and Recurrent Properties of the Gaussian Coefficients 85

Schwarzer, Jens; Sprengel, Christian
  A Process-oriented Methodology for Analysing the Cost Effectiveness of RIS/PACS Installations... 93

Stolze, Axel
  Logistik und E-Commerce.. 101

Kantorovich, Leonid V. (1912 – 1986)
  Nobel Prize Lecture, Dezember 1975:
  Mathematics in Economics: Achievements, Difficulties, Perspectives......... 113

Index 125

Leonid W. Kantorowitsch (1912 – 1986)

Prof. Dr. Dr. h. c. Wolfgang Lassmann
Martin-Luther-Universität Halle-Wittenberg

Zur Erinnerung an L. W. Kantorowitsch

Leonid Witaljewitsch Kantorowitsch wurde als Sohn einer Arztfamilie am 19. Januar 1912 in St. Petersburg geboren. Bereits von Kind an gehörte seine ganze Liebe der Mathematik und ihrer Anwendung in der Praxis. Mit 15 Jahren beschäftigte er sich bereits mit mathematischen Problemen und verfasste 17jährig erste Publikationen mit großer internationaler Beachtung.

1930 schloss er mit 18 Jahren sein Universitätsstudium der Mathematik ab, wurde mit 20 Jahren Honorarprofessor. Mit 21 Jahren wurden ihm auf Grund seiner umfangreichen Publikationen die Promotion und Habilitation zuerkannt. Mit 22 Jahren wurde er in St. Petersburg zum Ordentlichen Professor mit Lehrstuhl berufen.

Danach arbeitete L. W. Kantorowitsch mit den führenden Mathematikern der Welt zusammen. Er wandte sich dem zukunftsträchtigen Gebiet der Anwendung der Mathematik und später der Informatik in der Wirtschaft zu. L. W. Kantorowitsch verfügte über den Spürsinn für das Neue und publizierte in seinem Wissenschaftler-Leben etwa 320 fundamentale wissenschaftliche Arbeiten.

Obwohl seine Forschungsarbeiten auf dem Gebiet mathematischer Erkenntnisse in der Ökonomie dominierten, leistete er gleichzeitig wichtige Beiträge für die Entwicklung von Computeranlagen. Eine große Zahl von Patenten, die in der ganzen Welt registriert sind, zeugen von seinem hohen interdisziplinären Wirken.

Entscheidende Verdienste erwarb L. W. Kantorowitsch auf dem Gebiet der mathematischen Extremaltheorie, worauf aufbauend er die Theorie der linearen Optimierung begründete. Damit gab er wesentliche Impulse für die Formulierung und Lösung von Extremal- und Optimierungsaufgaben in der Physik, Chemie, Energetik, Geologie, Biologie, Mechanik und Kybernetik. Sehr stark wurde dadurch die Entwicklung der numerischen Mathematik und der Informatik gefördert.

Die lineare Optimierung erwies sich international als neue wissenschaftliche Richtung, die einen großen Einfluss auf die Entwicklung der ökonomischen Wissenschaften insgesamt ausübte. Die Publikationen von L. W. Kantorowitsch zur linearen Optimierung ermöglichten nicht nur die Modellierung und Lösung der einzelnen Aufgabenklassen, sondern auch die ökonomische Analyse der Restriktionssysteme.

1969 wurde an der Martin-Luther-Universität Halle-Wittenberg der Studiengang „Mathematik und Datenverarbeitung in der Wirtschaft (Wirtschaftsinformatik)" eröffnet. Gleichzeitig begannen die Forschungsarbeiten auf dem Gebiet der Weiterentwicklung der Theorie der linearen Optimierung. Die Forschungsarbeiten knüpften logischerweise an die wissenschaftlichen Resultate von L. W. Kantorowitsch an und führten 1973 zur Entwicklung der komplexen Optimierung „Komplexmethode".

Das war auch der Zeitpunkt, als die ersten Forschungsergebnisse dem Nestor der linearen Optimierung, L. W. Kantorowitsch, an der Lomonossow-Universität in Moskau vorgetragen wurden. Erste persönliche Kontakte führten zu einem regen Erfahrungsaustausch und zu einer engen wissenschaftlichen Zusammenarbeit. Die Forschungsarbeiten zur Komplexmethode wurden gemeinsam fortgeführt. Es folgten erste praktische Großversuche in Zusammenarbeit mit N. J. Krasner im Pressenwerk Woronesh und schließlich gemeinsame Publikationen.

Große Freude herrschte im Jahre 1975, als dieser Komplex seiner Arbeiten, gemeinsam mit den Forschungsergebnissen des amerikanischen Mathematikers Tjalling C. Koopmans, als Beitrag zur Ausarbeitung der „Theorie der optimalen Nutzung von Ressourcen in der Ökonomie" mit dem Nobelpreis für Wirtschaftswissenschaften gewürdigt wurde.

Persönlich bin ich bis heute L. W. Kantorowitsch dankbar, dass er trotz dieser bis in die Gegenwart einmaligen Ehrung für einen Wirtschaftswissenschaftler des Ostens meine Habilitation zur Komplexmethode persönlich begleitet und begutachtet hat. Es war typisch für die große menschliche Würde, dass L. W. Kantorowitsch als Nobelpreisträger die Forschungskooperation mit der Martin-Luther-Universität nicht eingeschränkt, sondern erweitert hat. Es folgten bis zu seinem Lebensende im Jahre 1986 mehrere gemeinsame Publikationen.

Für die Wissenschaftler der Martin-Luther-Universität Halle-Wittenberg war es eine weitere große Ehre, L. W. Kantorowitsch am 25. Oktober 1984 die Ehrendoktorwürde zu verleihen. Damit war es unserer Universität vergönnt, zu den 11 Universitäten der Welt zu gehören, die diese Ehrung vornehmen konnten.

Prof. Dr. sc. oec. Dr. h. c. mult. Leonid W. Kantorowitsch
(1912 – 1986)
Mathematik in der Wirtschaft: Erfolge, Probleme, Perspektiven

Nobelpreisrede in Erinnerung an Alfred Nobel, 11. Dezember 1975

(aus Nobel Lectures, Economic Sciences 1969-1980)

(© The Nobel Foundation 1975.)

Übersetzt aus dem Englischen von Dr. Jens Schwarzer.

Der englische Originaltext ist im letzten Kapitel des Buches nachzulesen.

Ich bin tief bewegt von der hohen Ehre, die mir zuteil wird und ich bin erfreut über die Gelegenheit zu dieser ehrenwerten Serie von Vorträgen beitragen zu können.

In unserer Zeit hat die Mathematik die Wirtschaftswissenschaften so fundamental, weitgehend und vielfältig durchdrungen und das gewählte Thema ist verbunden mit einer Vielzahl von Fakten und Problemen, dass wir Kozma Prutkow, der in unserem Land sehr populär ist, mit den Worten zitieren können: „Man kann das Unerfassbare nicht erfassen." Die Angemessenheit dieses klugen Satzes wird nicht geschmälert durch die Tatsache, dass der große Denker nur ein Pseudonym ist.

Ich möchte mein Thema einschränken auf die Punkte, denen ich näher stehe, insbesondere auf Optimierungsmodelle und ihren Einsatz bei der Steuerung der Wirtschaft, um mit der günstigsten Nutzung der Ressourcen die besten Ergebnisse zu erzielen. Ich werde hauptsächlich Probleme und Erfahrungen der Planwirtschaft, besonders der Wirtschaft der Sowjetunion, ansprechen. Bei dieser Eingrenzung werde ich nur einige Probleme berücksichtigen können.

1 Spezielle Besonderheiten der betrachteten Probleme

Vor der Diskussion von Methoden und Ergebnissen denke ich, dass es nützlich ist, über die Besonderheiten unserer Probleme zu sprechen. Diese sind unverkennbar für die sowjetische Wirtschaft und viele von ihnen sind bereits in den Jahren kurz nach der Oktoberrevolution aufgetreten. Damals gingen erstmals in der Geschichte alle Hauptproduktionsmittel in den Besitz des Volkes über und daraus erwuchs die Notwendigkeit einer zentralisierten und vereinheitlichten Steuerung der Wirtschaft des ausgedehnten Landes. Diese Notwendigkeit entstand unter sehr schwierigen gesellschaftlichen Bedingungen und traf mit einigen Besonderheiten zusammen. Die folgenden Probleme stehen in Beziehung zur ökonomischen Theorie und Praxis der Planung und Steuerung.

1) Zunächst hatte sich das Hauptziel der ökonomischen Theorie geändert. Es wurde notwendig, sich vom Studium und der Beobachtung der ökonomischen Prozesse sowie von isolierten politischen Maßnahmen hin zu einer systematischen Steuerung der Wirtschaft, zu gemeinsamen und einheitlichen Planungen, basierend auf gemeinsamen Zielen und einen langen Zeitraum abdeckend, zu bewegen. Diese Planung muss so detailliert sein, dass sie spezielle Aufgaben für einzelne Unternehmen über spezifische Perioden enthält und dass eine gemeinsame Konsistenz der riesigen Menge von Entscheidungen garantiert ist.

    Es ist klar, dass erstmals ein Planungsproblem von diesem Ausmaß entstanden war, so dass seine Lösung nicht auf existierenden Erfahrungen und ökonomischen Theorien basieren konnte.

2) Die Wirtschaftswissenschaften dürfen nicht nur Schlussfolgerungen über allgemeine ökonomische Probleme, die eine nationale Ökonomie als Ganzes betreffen, gewinnen, sondern müssen auch als Basis für Lösungen in einzelnen Unternehmen oder Projekten dienen. So werden die richtigen Informationen und Methodiken zur Entscheidungsfindung benötigt, die sich in Übereinstimmung mit den allgemeinen Zielen und Interessen der nationalen Ökonomie befinden. Schließlich müssen sie dazu beitragen, nicht nur allgemeine qualitative Handlungsempfehlungen, sondern auch konkrete quantitative und ausreichend

präzise Berechnungsmethoden zu geben, die die objektive Entscheidung bei wirtschaftlichen Fragestellungen unterstützen.

3) In Verbindung mit Materialflüssen und Finanzmitteln gibt es in kapitalistischen Ökonomien wichtige ökonomische Kennzahlen wie Preise, Mieten, Zinsen in ihren statischen und dynamischen Ausprägungen, die ebenfalls untersucht und direkt beobachtet werden. Die genannten Kennzahlen dienen als Hintergrund für alle ökonomischen Berechnungen, für Aggregationen, für die Konstruktion künstlicher Kennzahlen. Es wurde klar, dass eine konsistente Planwirtschaft nicht ohne Kennzahlen, die analoge Aspekte charakterisieren, möglich ist. Sie können hier jedoch nicht beobachtet werden, sondern werden normativ vorgegeben. Das Problem ihrer Berechnung war jedoch nicht nur durch technische Aspekte der Berechnung und Statistik begrenzt. Es ist wichtig, dass unter den neuen Bedingungen ähnliche Kennzahlen einen völlig anderen Sinn und eine unterschiedliche Bedeutung erlangen und einige Probleme hinsichtlich ihrer Beschaffenheit, Rolle und Struktur entstehen. Zum Beispiel war unklar und offen für eine Diskussion, ob eine Landpacht in einer Gesellschaft existieren sollte, in der der Boden Eigentum des Volkes ist oder ob solch eine Größe wie Zins ein Recht hat zu existieren.

4) Die vorherigen Probleme zeigen sich in einer weiteren Besonderheit der Planwirtschaft. Offensichtlich kann eine Wirtschaft von derartiger Größe und Komplexität nicht völlig „bis zum letzten Nagel" zentralisiert werden, und ein wesentlicher Teil der Entscheidungen sollte bei den niedrigeren Ebenen des Steuerungssystems belassen werden.

Die Entscheidungen unterschiedlicher Steuerungsebenen und von verschiedenen Orten aus müssen durch entscheidende Gleichgewichtsbeziehungen verbunden werden und sollten den Hauptzielen der Ökonomie folgen.

Das Problem besteht darin, ein System von Informationen, Rechnungsführung, wirtschaftlichen Kennzahlen und Anreizen zu konstruieren, das es lokalen entscheidungstreffenden Organen erlaubt einzuschätzen, welchen Nutzen ihre Entscheidungen aus Sicht der Gesamtwirtschaft haben. Mit anderen Worten, um es lohnenswert für sie zu machen, vorteilhafte Entscheidungen für das Gesamtsystem zu treffen, ist eine Möglichkeit zu schaffen, die die Plausibilität der Arbeit der lokalen Organe aus Sicht der gesamten Wirtschaft prüft.

5) Mit neuen Problemen bei der Steuerung der Wirtschaft und neuen Methoden entsteht die Frage nach der effizientesten strukturellen Form der Organisation der Steuerung.

Einige Umgestaltungen dieser Strukturen, die stattgefunden haben, sind sowohl dem Bestreben nach Vervollkommnung des Steuerungssystems als auch Veränderungen in der Wirtschaft selbst zu verdanken, die mit ihrem Wachstum, der Erhöhung der Komplexität der Verflechtungen und mit neuen Problemen und Bedingungen verbunden sind. Das Problem der effizientesten Struktur eines Planungssystems hat auch einen wissenschaftlichen Aspekt, aber seine Lösung ist noch nicht sehr weit vorangeschritten.

6) Einige komplexe Probleme der wirtschaftlichen Steuerung entstehen durch die heutige Entwicklung der Wirtschaft, durch die sogenannte wissenschaftlich-technische Revolution. Ich möchte einige Probleme nennen. Ich sehe Probleme der Prognose und Steuerung bei starken Bewegungen in der Gewichtung unterschiedlicher Branchen der nationalen Wirtschaft sowie bei den schnellen Veränderungen in Produktion und Technologie. Die Probleme der Einschätzung technischer Innovationen und der generellen Auswirkungen technischen Fortschritts. Die ökologischen Probleme verbunden mit den starken Veränderungen der natürlichen Umwelt durch den Einfluss menschlichen Handelns, die Aussicht auf sich erschöpfende natürliche Ressourcen. Die Voraussage sozialer Veränderungen und ihr Einfluss auf die Wirtschaft. Die Veränderungen in der Verfügbarkeit heutiger Computertechnik, Kommunikationsmittel, Führungssysteme usw.

Die meisten dieser Probleme entstehen ebenfalls in Ländern mit kapitalistischer Wirtschaft, aber in sozialistischen Ökonomien haben sie ihre eigenen Schwierigkeiten und Besonderheiten.

Hier existieren weder Erfahrungen noch ausreichende theoretische Grundlagen für die Lösung dieser schweren Probleme.

Die ökonomische Theorie von Karl Marx wurde der methodische Hintergrund der neu gebildeten sowjetischen Wirtschaftswissenschaft und des neuen Steuerungssystems. Eine Reihe seiner wichtigsten und fundamentalsten Aussagen über allgemeine wirtschaftliche Situationen stellten sich als sofort in der sozialistischen Wirtschaft anwendbar heraus. Die praktische Nutzung der Ideen von Marx erfordert jedoch ernsthafte theoretische Forschung. Es gab keine praktischen wirtschaftlichen Erfahrungen unter den neuen Bedingungen.

Diese Probleme waren von regierenden Gremien und wirtschaftlichen Exekutiven praktisch gelöst worden. Sie waren gelöst worden in den ersten Jahren des Staates unter schwierigen Bedingungen des Bürgerkrieges, der Verwüstungen und des Nachkriegswiederaufbaus. Dessen ungeachtet wurde das Problem der Entwicklung eines effektiven wirtschaftlichen Mechanismus gelöst. Ich habe nicht die Möglichkeit dies im Detail zu beschreiben, aber ich möchte herausstellen, dass das System der Planungsorgane auf Initiative des Gründers unseres Staates W. Lenin entstand und gleichzeitig auf dieselbe Initiative hin ein System der wirtschaftlichen Rechnungsführung eingeführt wurde, welches eine bestimmte Form der finanziellen Bilanzierung und Steuerung verschiedenster wirtschaftlicher Aktivitäten ermöglichte.

Beweise der signifikanten Effizienz dieses Mechanismus liegen in den beträchtlichen Verbesserungen der Wirtschaft, der erfolgreichen Lösung des Industrialisierungsproblems und wirtschaftlicher Probleme der Landesverteidigung vor und während des zweiten Weltkrieges, dem Nachkriegswiederaufbau und weiteren Entwicklungen.

Das System von planenden und wirtschaftlichen Organen wurde in Verbindung mit neuen Problemen verbessert und umgestaltet. Die Verallgemeinerung dieser Erfahrung bildete einen Bestandteil bei der Entwicklung einer wirtschaftlichen Theorie zur sozialistischen Planwirtschaft.

Zur selben Zeit wurden in unserem Land die Notwendigkeit weiterer Verbesserungen der Steuerungsmechanismen, einige Fehler bei der Nutzung von Ressourcen und die unvollständige Realisierung von Nutzenpotenzial der Planwirtschaft wiederholt deutlich. Es war offensichtlich, dass solche Verbesserungen auf neuen Ideen und Verfahren basieren sollten. Das führte zur naheliegenden Idee quantitative mathematische Methoden einzuführen und zu nutzen.

2 Die neuen Methoden

Die ersten Versuche zur Nutzung der Mathematik in der sowjetischen Wirtschaft wurden in den zwanziger Jahren gemacht. Lassen Sie mich die bekannten Nachfrage-Modelle von E. Slutsky und A. Konjus, die ersten Wachstumsmodelle von G. Feldman, das Schema der Verflechtungsbilanz der Zentralverwaltung für Statistik, welches später sowohl mathematisch als auch wirtschaftlich unter Nutzung der Daten der US-Wirtschaft durch W. Leontiev weiterentwickelt wurde, erwähnen. Die Ansätze von L. Jushkov zur Bestimmung der Rate der Investitionseffizienz bildeten eine grundlegende Fortsetzung der Forschungen von V. Novojilov. Die oben genannten Forschungen hatten gemeinsame Merkmale mit der mathematischen Richtung in den westlichen Wirtschaftswissenschaften, welche sich zur gleichen Zeit entwickelte und in den Arbeiten von R. Harrod, E. Domar, F. Ramsey, A. Wald, J. von Neumann, J. Hicks und anderen dargelegt wurde.

An dieser Stelle möchte ich hauptsächlich über die Optimierungsmodelle sprechen, die in unserem Land in den späten dreißiger Jahren (und später unabhängig davon in den USA) entstanden sind und die in einem gewissen Sinn die geeignetsten Mittel zur Behandlung der Probleme sind, die ich beschrieben habe.

Der Optimierungsansatz ist hier von wesentlicher Bedeutung. Die Behandlung der Wirtschaft als einzelnes System, gesteuert in Richtung eines konsistenten Ziels, erlaubt die effiziente Systematisierung einer gewaltigen Menge von Informationsmaterial, seine tiefgründige Analyse für plausibles Entscheiden. Es ist interessant, dass viele Schlussfolgerungen auch in Fällen plausibel bleiben, in denen dieses konsistente Ziel nicht formuliert werden kann, entweder aus dem Grund, dass es nicht vollkommen klar ist oder aus dem Grund, dass es aus mehreren Zielen zusammengesetzt ist, von denen jedes in die Berechnung einbezogen werden muss.

In der Gegenwart scheinen die linearen Mehrprodukt-Optimierungsmodelle am häufigsten verwendet zu werden. Ich vermute, dass sie sich jetzt in den Wirtschaftswissenschaften nicht weniger verbreiten werden, als beispielsweise die Bewegungsgleichungen von Lagrange in der Mechanik.

Ich sehe keine Notwendigkeit dieses bekannte Modell, das auf der Beschreibung einer Wirtschaft als Menge von Hauptproduktionsarten (oder Aktivitäten, - die Bezeichnung von Professor T. Koopmans) basiert, jede charakterisiert durch Nutzung und Produktion von Gütern und Ressourcen, im Detail zu beschreiben. Es ist bekannt, dass die Auswahl eines optimalen Programms, d. h. einer Menge von Intensitäten dieser Aktivitäten unter einigen Ressourcen- und Planrestriktionen, uns ein Maximierungsproblem einer linearen Funktion mit vielen Variablen unter Erfüllung einiger linearer Restriktionen erzeugt.

Diese Reduktion wurde so oft beschrieben, so dass ich sie als bekannt voraussetzen kann. Es ist wichtiger jene Eigenschaften aufzuzeigen, die die breite vielfältige Anwendung bestimmen. Dazu kann ich folgende zählen:

a) **Universalität und Flexibilität.** Die Modellstruktur erlaubt verschiedene Formen seiner Anwendung, sie kann sehr unterschiedliche reale Situationen für extrem unterschiedliche Wirtschaftsbranchen und Steuerungsebenen beschreiben. Es ist möglich eine Reihe von Modellen zu verwenden, bei der notwendige Bedingungen und Restriktionen Schritt für Schritt eingeführt werden, solange bis die benötigte Genauigkeit erreicht ist.

In komplizierteren Fällen, widerspricht die Linearitätshypothese den Problemeigenschaften und wir müssen nicht-linearen Input und Output, Ganzzahligkeitsbedingungen und nicht-deterministische Informationen betrachten. Hier wird das lineare Modell zum „elementaren Bestandteil" und zum Startpunkt für Verallgemeinerungen.

b) **Einfachheit.** Trotz seiner Allgemeingültigkeit und seiner hohen Genauigkeit ist das lineare Modell sehr einfach in seinen Mitteln, welche hauptsächlich in der linearen Algebra liegen, so dass sogar Personen mit sehr geringer mathematischer Ausbildung es verstehen und meistern können.

c) **Effiziente Berechenbarkeit.** Die Dringlichkeit der Lösung extremaler linearer Probleme impliziert die Ausarbeitung spezieller, sehr effizienter Methoden, die in der UdSSR (Methode der schrittweisen Verbesserungen, Methode der Lösungsfaktoren[*]) und in den USA (Simplexmethode von G. Dantzig) entwickelt wurden, und einer detaillierten Theorie dieser Methoden. Eine algorithmische Struktur der Methoden hat später das Schreiben entsprechender Computerprogramme erlaubt und heute können neue Varianten der Methoden auf modernen Computern in kurzer Zeit Probleme mit hunderten und tausenden von Restriktionen, mit hunderttausenden von Variablen lösen.

d) **Qualitative Analyse, Kennzahlen.** Zusammen mit der optimalen Planlösung gibt das Modell wertvolle Hinweise für die qualitative Analyse konkreter Aufgaben und für das gesamte Problem. Diese Möglichkeit ist durch ein Kennzahlensystem für Aktivitäten und begrenzende Faktoren gegeben, welches gleichzeitig mit der optimalen Lösung gefunden wird und mit ihr korrespondiert. Professor T. Koopmans nannte sie Schattenpreise, mein Begriff war "Lösungsfaktoren", da sie als Hilfsmittel für das Auffinden der optimalen Lösung ähnlich der Lagrange-Faktoren benutzt werden. Kurz nachdem ihre ökonomische Interpretation und Bedeutung für die Analyse erkannt wurde, bezeichnete man sie in der ökonomischen Anwendung als "objektiv bestimmte Bewertungen" (im Russischen: objectivno-obuslovlennye otsenki, abgekürzt "o.o.o"). Sie haben die Bedeutung von Werte-Kennzahlen für die Güter- und Faktoräquivalenz, intrinsisch bestimmt für ein gegebenes Problem, und zeigen, wie die Güter und Faktoren bei Schwankungen des Extremzustands ausgetauscht werden können. Durch diese Bewertungen ist ein objektiver Weg zur Berechnung von Preisen und anderen ökonomischen Kennzahlen sowie der Analyse ihrer Struktur gegeben.

---

[*] Kantorowitsch bezeichnet die Methode als „method of resolving multipliers". (Anm. d. Übers.)

e) **Übereinstimmung von Mitteln und Problemen.** Obwohl unterschiedliche Unternehmen und sogar staatliche Institutionen in Ländern mit kapitalistischer Wirtschaft erfolgreich diese Methoden einsetzen, korrespondiert der Geist dieser Methoden eher mit Problemen der sozialistischen Wirtschaft. Beweise ihrer Effizienz liegen in ihrer erfolgreichen Anwendung bei einer Vielzahl von konkreten Problemen der Wirtschaftswissenschaften und des Operations Research. Sie werden in umfangreichen Anwendungen genutzt, wie der langfristigen Planung einiger sowjetischer Wirtschaftszweige und der innerstaatlichen Allokation der landwirtschaftlichen Produktion. Jetzt diskutieren wir Probleme von Modell-Komplexen, die das Modell der langfristigen Planung der gesamten nationalen Wirtschaft beinhalten. Diese Probleme werden in speziellen Forschungsinstituten untersucht – dem Zentralen Wirtschaftsmathematischen Institut in Moskau (geleitet vom Mitglied der Akademie der Wissenschaften N. Fedorenko) und dem Institut für Wirtschaftswissenschaften und Industrieorganisation in Nowosibirsk (geleitet vom Mitglied der Akademie der Wissenschaften A. Aganbegjan).

Es ist notwendig, auch auf die aktuelle Position der optimalen Planung und der mathematischen Methoden in der theoretischen Forschung der sowjetischen Wirtschaftswissenschaften hinzuweisen. Das lineare Modell hat sich als gutes Mittel zur einfachen logischen Beschreibung von Problemen der Planungssteuerung und ökonomischen Analyse erwiesen. Es hat zu entscheidenden Fortschritten bei Preisbildungsproblemen beigetragen. Beispielsweise hat es die Rechtfertigungs- und Abrechnungsprinzipien von Produktionspreisen und der Nutzung natürlicher Ressourcen geliefert. Es gibt ebenfalls quantitative Ansätze zur Einbeziehung des Zeitfaktors bei Investitionen. Es sei darauf hingewiesen, dass ein Modell, welches eine einfache ökonomische Kennzahl beschreibt, manchmal eine eher komplizierte mathematische Form besitzt (als Beispiel können wir hier ein Modell für die Nutzung eines Bestands von Anlagen von der die Struktur der Abschreibungsraten abgeleitet wird, anführen).

Eine besondere Betrachtung erfordert das Problem der Dezentralisierungsentscheidungen. Die Untersuchung eines Zwei-Ebenen-Modells führt uns zu der Schlussfolgerung, dass im Prinzip die Dezentralisierung von Entscheidungen unter Beachtung des Gesamtziels anhand einer korrekten Konstruktion der Ziele in Teilmodellen möglich ist. Wir müssen hier die brillanten mathematischen Formalismen der Zerlegungsidee von G. Dantzig und Ph. Wolfe hervorheben. Die Bedeutung ihres Artikels von 1960 geht weit über die Grenzen des Algorithmus und seiner mathematischen Grundlagen hinaus. Er führte zu vielen aktiven Diskussionen und verschiedenen Verfahren in der ganzen Welt und besonders in unserem Land.

Neben Input-Output-Analysen und Optimierungsmodellen als Ergebnis der Aktivitäten einer großen Gemeinschaft von Wissenschaftlern verfügt die ökonomische Theorie und Praxis über Analysewerkzeuge wie statistische und stochastische Programmierung, optimale Steuerung, Simulationsmethoden, Nachfrageanalyse, Wissenschaft der Gemeinwirtschaft usw.

Zusammenfassend können wir sagen, dass wir nach über 15 Jahren intensiver Entwicklung und Verbreitung der erwähnten Methoden bedeutende Resultate erzielt haben.

3 Probleme

Die Ebene der Entwicklung und besonders der von Anwendungen könnte jedoch ein Gefühl von Unzufriedenheit verursachen. Die Lösung vieler Probleme ist nicht vollendet. Viele Anwendungen sind nur vorübergehende Lösungen, sie werden nicht regelmäßig genutzt und nicht in einem System vereinigt. Für die meisten komplizierten und zukunftsorientierten Probleme, wie die staatliche Planung, wurden bis jetzt keine effektiven und allgemein anerkannten Formen der Realisierung gefunden. Die Einstellung zu diesen Methoden wie zu vielen anderen Innovationen reicht manchmal von Skepsis und Ablehnung über Enthusiasmus und übertriebener Hoffnung bis zu Enttäuschung und Unzufriedenheit.

Sicherlich können wir sagen, dass die Ergebnisse nicht sehr schlecht sind für die kurze Zeit, die vergangen ist. Wir können uns auf die langen Zeiträume der Verbreitung technischer Innovationen berufen oder die Physik und Mechanik, wo einige theoretische Modelle nach zweihundert Jahren Erfahrung noch nicht realisiert waren. Trotzdem ziehen wir es vor, einige konkrete Probleme zu nennen, um die hauptsächlichen Schwierigkeiten und ihre Ursachen zu erklären und einige Wege darzustellen, wie sie überwunden werden können. Die Probleme entstehen sowohl durch die spezifischen Eigenschaften des Untersuchungsobjektes als auch durch Fehler bei der Forschung und ihrer praktischen Umsetzung.

Das Thema Wirtschaft ist aus Sicht seiner Komplexität und seiner Besonderheiten ein schwieriges Objekt für eine formale Beschreibung. Die Modelle heben nur wenige seiner Aspekte hervor und berücksichtigen die reale wirtschaftliche Situation nur sehr grob und angenähert, deshalb ist es in der Regel schwierig, die Korrektheit von Beschreibungen und Schlussfolgerungen einzuschätzen.

Trotz der bereits erwähnten Universalität des Modells und seiner Generalisierungen ist ein routinemäßiger Einsatz häufig nicht effizient. Die Arbeit an jedem ernsthaften Modell und seine praktische Anwendung erfordern harte wissenschaftliche Arbeit mit gemeinsamen Versuchen von Wirtschaftswissenschaftlern, Mathematikern und Spezialisten des konkreten Gegenstandsbereiches. Selbst in erfolgreichen Fällen werden für eine weite Verbreitung des Modells mehrere Jahre benötigt, besonders für Tests und notwendige Modifikation zur Erreichung der praktischen Anwendbarkeit.

Es ist besonders wichtig den Einfluss der Abweichung zwischen Modell und Realität auf das erzielte Resultat zu testen und das Resultat oder das Modell zu korrigieren. Dieser Teil der Arbeit ist nicht oft zu beobachten.

Eine Schwierigkeit der Modellrealisierung ist die Ermittlung und Konstruktion der notwendigen Daten, die in vielen Fällen erhebliche Fehler besitzen und manchmal vollständig fehlen, wenn sie zuvor noch nie benötigt wurden. Prinzipielle Probleme liegen in der Vorhersage zukünftiger Daten und in der Einschätzung von industriellen Entwicklungsalternativen.

Die Berechnung der optimalen Lösung hat ebenfalls seine eigenen Schwierigkeiten. Trotz der Verfügbarkeit effizienter Algorithmen und Programmcodes sind praktische Umsetzungen linearer Modelle nicht sehr einfach, da sie sehr groß sind. Die Schwierigkeiten wachsen entscheidend, wenn das lineare Modell durch eine seiner Generalisierungen modifiziert wird.

Es wurde bereits erwähnt, dass es theoretisch im linearen Modell perfekte Übereinstimmung und Harmonie zwischen der optimalen Lösung und der beurteilenden Kennzahlen und Stimuli basierend auf o.o.o. gibt. Reale Entscheidungen und die Arbeit lokaler Gremien werden jedoch nicht durch theoretische Kennzahlen, sondern durch aktuelle Preise und Bewertungsmethoden evaluiert, die nicht so einfach austauschbar sind. Selbst wenn eine Branche oder Region die für sie geeigneten Kennzahlen einführt, werden an den Grenzen zu ihren Nachbarn Disharmonien entstehen. Zudem wurden verschiedene Teile des Wirtschaftssystems mit unterschiedlichem Erfolg durch mathematische Modelle beschrieben, und diese haben nicht immer klar quantitative Eigenschaften. Daher ist die industrielle Produktion besser beschrieben als Nachfrage und Konsumpräferenzen. Gleichzeitig ist es naheliegend, in einer ausgedehnten Beurteilung des Plan-Optimierungsproblems nicht nur zu einer geringstmöglichen Nutzung von Ressourcen, sondern zu einer Produktionsstruktur, die optimal für die Konsumenten ist, zu streben. Diese Bedingung erschwert die korrekte Auswahl einer Zielfunktion.

Gewiss ist die Situation nicht hoffnungslos. Beispielsweise kann man die Idee eines extremen Zustands (d.h. eines Zustands, der sich insgesamt nicht verbessern lässt, „effiziente Entscheidung" von A. Wald) nutzen. Dann kann man einen Kompromiss einiger Kriterien anstreben oder diese weniger streng anwenden und den industriellen Teil des Problems durch Optimierungsmethoden lösen, während für den Konsumteil herkömmliche Expertenmethoden angewendet werden. Man kann auch ökonometrische Methoden einsetzen. Die häufige Nutzung des „kann" zeigt, dass das Problem noch weit entfernt von einer Lösung ist.

In der Planung muss die Idee der Dezentralisierung mit Routinen verknüpft werden, die die Pläne von sehr autonomen Teilen des Gesamtsystems verbinden. Hier kann eine bedingte Trennung des Systems erfolgen, indem die Werte der Ströme und Parameter zwischen den einzelnen Teilen konstant gehalten werden. Man kann auch eine Idee nutzen, bei der die Parameter sequentiell neu berechnet werden, was von vielen Autoren erfolgreich für das Schema von Dantzig-Wolfe und für aggregierte lineare Modelle entwickelt wurde.

Eine Lösung neu entstandener ökonomischer Probleme, und teilweise sind diese mit der wissenschaftlich-technischen Revolution verbunden, kann häufig nicht auf existierenden Methoden basieren, sondern benötigt neue Ideen und Lösungswege. Solch ein Problem ist der Umweltschutz. Das Problem der wirtschaftlichen Bewertung der Effizienz technischer Innovationen und ihrer Verbreitungsrate kann nicht nur durch langfristige Schätzung der direkten Ergebnisse und Resultate ohne Berücksichtigung der Besonderheiten neuer industrieller Technologien, ihren Gesamtbeitrag zum technischen Fortschritt, gelöst werden.

Die Bewertungsmethoden basierend auf mathematischen Modellen, die Nutzung von Computern für die Berechnungen und die Informationsverarbeitung machen nur einen Teil der Steuermechanismen aus, ein weiterer Teil ist die Steuerungsstruktur. Somit hängt der Erfolg der Steuerung davon ab, wie und in welchem Umfang das System garantiert, dass mögliche persönliche Interessen zu korrekten und vollständigen Informationen, zu einer geeigneten Realisierung von Entscheidungen führen. Die Konstruktion solcher Systeme ist keine einfache Aufgabe.

Um eine tatsächliche Verbreitung der neuen Methoden zu erreichen, ist es außerdem notwendig, dass sie von den Personen studiert und beherrscht werden, die in der Planung und in den Wirtschaftswissenschaften beschäftigt sind. Es ist notwendig dieses System umzugestalten, psychologische Barrieren zu überwinden, traditionelle Methoden durch neue zu ersetzen.

Aus diesem Grund haben wir ein Schulungssystem, welches dazu dient, die Planungsverwaltung bis zur obersten Ebene mit den neuen Methoden vertraut zu machen. Die Reorganisation des Rechnungswesens ist gewöhnlich mit der Einführung computerbasierter Informationssysteme verbunden. Es ist klar, dass das Erkennen von Methoden und das Bewusstwerden schwierig und zeitaufwändig ist.

4 Perspektiven

Trotz der genannten Schwierigkeiten blicke ich optimistisch auf die Chancen der breiten Anwendung mathematischer Methoden, insbesondere der Optimierung, in den Wirtschaftswissenschaften und in allen wirtschaftlichen Entscheidungsebenen. Mit ihnen können wir eine signifikante Verbesserung der Planungsaktivitäten, eine bessere Nutzung der Ressourcen, eine Erhöhung des Nationaleinkommens und des Lebensstandards erreichen.

Die Probleme der Modellierung und Datengenerierung können wie die Probleme in den Natur- und Technik-Wissenschaften bewältigt werden. Meine Hoffnung gründet sich auf der immer weiter fortschreitenden Forschung nach neuen Methoden und Algorithmen auf diesem Gebiet, auf die Tatsache, dass neue theoretische Ansätze und Problemdarstellungen entstehen, auf eine Reihe konkreter Studien allgemeiner und spezieller Probleme in Bezug auf getrennte Wirtschaftsbereiche, auf die Tatsache, dass ein ganzes Heer talentierter junger Wissenschaftler jetzt auf diesem Gebiet arbeitet. Ein entscheidender Fortschritt wird jetzt durch die Entwicklung von Computer-Hardware und -Software und deren Beherrschung erreicht.

Die Mathematiker, Wirtschaftswissenschaftler und Manager haben ein besseres gegenseitiges Verständnis erreicht.

Die günstigen Voraussetzungen für die Arbeit auf diesem Gebiet bilden die bedeutenden Aussagen über Steuerungsmethoden und ihre Verbesserungen, die in den letzten Jahren durch unsere Regierung gemacht wurden.

Prof. Dr. sc. oec. Dr. h. c. mult. Leonid W. Kantorowitsch (1912 – 1986)
Festvortrag zur Verleihung der Ehrendoktorwürde

Auszüge aus dem Festvortrag anlässlich der Verleihung der Ehrendoktorwürde der Fakultät für Rechts- und Wirtschaftswissenschaften der Martin-Luther-Universität Halle-Wittenberg, 1984

...

Meine wissenschaftlichen Untersuchungen auf diesem Gebiet sind bekanntlich einer der Anlässe für die heutige Ehrung. Es sei mir im weiteren erlaubt, auf den gegenwärtigen Stand der Entwicklung und Anwendung von Optimierungsmethoden sowie ihre Perspektiven einzugehen.

Des festlichen Charakters dieser Sitzung des Akademischen Senats der Martin-Luther-Universität Halle-Wittenberg durchaus bewußt, ist es dennoch mein Anliegen, nicht nur die Erfolge, sondern auch einige Schwierigkeiten und Unzulänglichkeiten zu beleuchten, ohne die eine wissenschaftliche Diskussion nicht ausreichend objektiv wäre.

Eingangs gilt es, sozusagen als Basis der Betrachtungen, die besonderen Wesenszüge der sozialistischen Wirtschaft und die Spezifik der damit im Zusammenhang stehenden Aufgaben für die Wirtschaftswissenschaften hervorzuheben.

Nach der Großen Sozialistischen Oktoberrevolution gingen erstmals in der Geschichte alle Produktionsmittel eines Landes in die Hände des Volkes über.

Damit entstand die Möglichkeit und die Notwendigkeit der zentralisierten Leitung der Wirtschaft eines riesigen Landes. Das Problem der Planung unter solchen Bedingungen und Maßstäben war völlig neu und konnte nicht auf der Basis bisheriger ökonomischer Theorien und Erfahrungen gelöst werden.

Wirtschaftswissenschaften und Praxis waren nicht nur in Hinsicht auf die Ermittlung von allgemeingültigen Planentscheidungen und Entwicklungsrichtungen, sondern auch in bezug auf die Methodologie der Entscheidungsfindung bezüglich konkreter Maßnahmen und Objekte bei miteinander abzustimmenden und mit den generellen Zielen und Interessen der Volkswirtschaft in Übereinstimmung zu bringenden Entscheidungen gefordert.

In der kapitalistischen Wirtschaft existieren automatisch wirkende Mechanismen (Börse, Markt u. a.), die solche ökonomischen Kategorien wie Preise, Rente und Kapitalzins hervorbringen und unmittelbar berücksichtigt werden können.

In der sozialistischen Wirtschaft sind Geld und entsprechende Wertkennziffern ebenso notwendig, allerdings werden sie nicht auf empirischem Wege gebildet, sie sind auf wissenschaftlich fundierten Berechnungen aufzubauen.

Als sehr kompliziert und bis heute nicht ausreichend gelöst, erweist sich dabei das Problem der Abstimmung von zentralen und dezentralen Entscheidungen.

Bereits unter Lenin wurden erste Schritte in der Realisierung des Mechanismus der Leitung der sozialistischen Wirtschaft in der UdSSR auf dem Wege der Gründung von Planungsorganen und der Einführung des Systems der wirtschaftlichen Rechnungsführung vollzogen.

Von den Direktivorganen wurde diesbezüglich stets das Problem der Vervollkommnung der Leitung der Wirtschaft ins Blickfeld gerückt.

Besonders brisant ist dieses Problem in der letzten Zeit im Zusammenhang mit der Vergrößerung des Umfangs und des Kompliziertheitsgrades der Produktionsverflechtungen und der Technologien, den Schwierigkeiten auf dem Gebiet der Rohstoffe und der Ökologie, dem sprunghaften Anstieg des Tempos des wissenschaftlich-technischen Fortschritts, der höheren Komplexität der sozialistischen Wirtschaft usw.

Da ökonomische Fragen im allgemeinen quantitativen Charakter tragen, ist es nur natürlich, hierfür mathematische Methoden und Mittel zu nutzen. Das hat für die sozialistische Wirtschaft besondere Bedeutung, daher ist auch die Nutzung der konkreten mathematischen Analyse als Form der praktischen Nutzung mathematischer Methoden in wissenschaftlich begründeter Weise erstmals in der UdSSR praktiziert worden.

Hierbei handelte es sich zunächst um das Schema der Verflechtungsbilanz, die in der Staatlichen Zentralverwaltung für Statistik 1926/27 angewandt und von V. Leontiew in den darauffolgenden Jahren anhand von Daten aus den USA theoretisch tiefgründiger ausgearbeitet wurde. Darüber hinaus wurden vielfältige andere Arbeiten, unter anderem von Feldmann in den 20er Jahren, geleistet.

Gleiches ist in Bezug auf die Optimierungsmethoden festzustellen, die in Form der linearen Optimierung und der optimalen Planung in der UdSSR zum Ende der 30er Jahre entwickelt wurden. Die lineare Optimierung und Optimierungsmodelle überhaupt tragen den Aufgaben der sozialistischen Wirtschaft in besonderer Weise Rechnung. Sie ermöglichen Lösungen nicht nur für einzelne Objekte, sondern für das System insgesamt.

Es handelt sich hier um optimale Lösungen, die vom Gesichtspunkt existierender Systemkriterien, d. h. allgemeingültiger Interessen der Volkswirtschaft oder großer Komplexe, am effektivsten sind. Es ist hier auch festzustellen, daß aus der Lösung eines Modells nicht nur ein Plan, sondern auch die Bewertung von Faktoren resultiert, die als Basis für die Begründung ökonomischer Kennziffern und die Auswahl von Varianten dienen können.

Verschiedenartige von sowjetischen und später auch westlichen Wissenschaftlern entwickelte Methoden und die Bereitstellung der elektronischen Rechentechnik ermöglichen nunmehr die Lösung von Aufgabensystemen enormer Dimension mit Tausenden von Gleichungen und Hunderttausenden Variablen.

Durch die Folgen des 2. Weltkrieges und andere Ursachen begann die breite Entwicklung und Anwendung mathematischer Methoden in der UdSSR erst seit Beginn der 50er Jahre. Seither wurden in der UdSSR und den anderen sozialistischen Ländern zweifellos viele Fortschritte erreicht:

1) Es wurden umfangreiche wissenschaftliche Untersuchungen zur Ausarbeitung des mathematischen Apparates durchgeführt und über 10.000 Arbeiten und Monographien publiziert.

2) Eine große Anzahl hochqualifizierter Kader ist herangebildet worden. Namhafte Institute, die die Methoden wesentlich vervollkommneten, entstanden. Die ökonomische Kybernetik wurde zu einer wichtigen Ausbildungsrichtung.

3) Viele Wirtschaftszweige und Großbetriebe wurden mit moderner Rechentechnik ausgestattet, entsprechende Software liegt vor. Diese Entwicklung vollzog sich in der Organisationsform der automatisierten Systeme zur Leitung (ASU).

Die Durchsetzung der Möglichkeiten der effektiven Anwendung dieser Methoden in der Optimierung von Planentscheidungen in allen Zweigen der Volkswirtschaft (in der Industrie, im Transportwesen, in der Landwirtschaft und im Bauwesen) und auf allen Ebenen angefangen bei technisch-ökonomischen Fragen (rationeller Materialzuschnitt, Futtermischung, Netzpläne) bis hin zu Plänen der Betriebe, Vereinigungen und Kombinate, Wirtschaftszweige industrieller und territorialer Komplexe hat sich als realistisch erwiesen. Viele erfolgreiche Anwendungsfälle liegen vor. Weitaus weniger entwickelt und ausprobiert wurde bisher diese Methodologie in der Planung der Volkswirtschaft als Ganzes. Die mathematische Modellierung spielte bei der Ausarbeitung und der tiefgreifenden Analyse solcher komplizierten Probleme der sozialistischen Wirtschaft wie der Planung der Preisbildung, der Effektivität von Investitionen, der Bewertung von natürlichen Ressourcen und der Rente, der wirtschaftlichen Rechnungsführung und der Stimulierung eine wesentliche Rolle.

Das fand bekanntlich seine Widerspiegelung in den Beschlüssen von den von Regierungsorganen bestätigten Methodiken.

...

In Hinsicht auf die erfolgreiche Anwendung mathematischer Methoden in der Wirtschaft scheint es hier angemessen, auf eine Reihe konkreter Beispiele hinzuweisen.

Hervorhebenswert wäre die Materialökonomie durch den rationellen Materialzuschnitt, die Lösung von Dispatcheraufgaben für den Autotransport zur Reduzierung von Leerfahrten, die Anwendung von Netzgraphiken im Bauwesen, die rationelle Zuordnung von Produzent und Verbraucher auf dem Gebiet der Materialversorgung. Der durch diese Lösungen eintretende Effekt beträgt einige Hundertmillionen Rubel.

Die Lösung von Produktions-Transport-Aufgaben zur Ermittlung der Zulieferbetriebe für Stahlröhren und Walzstahl erbringt einen Nutzen von einigen Hunderttausenden Tonnen zusätzlichen Erzeugnissen. Dabei treten Effekte auch in anderer Richtung ein.

Optimale Perspektivpläne der Zweigentwicklung eröffneten die Möglichkeiten, einige Hundertmillionen Rubel Investitionen - das sind bei bestimmten Projekten 10 bis 15% - einzusparen.

Es bedarf keiner Präsentation dieser positiven Beispiele aus unserem Lande, denn auch bei Ihnen existieren sie.

Das betrifft vor allem die Möglichkeit einer bedeutenden Qualifizierung des Produktions- und Absatzplanes durch die Optimierung und komplexe Analyse, die auf Initiative Ihrer Universität realisiert und teilweise bereits am Beispiel der großen Kombinate Buna und Polygraph umgesetzt wurde. Ich hatte in diesen Tagen Gelegenheit, mich in diesen Kombinaten davon zu überzeugen. Insgesamt entwickelten sich die mathematischen Methoden in beachtlichem Maße weiter und fanden weite Verbreitung.

Sie wurden zu einem bedeutenden und von den sowjetischen Wirtschaftswissenschaften nicht zu trennenden Faktor.

Ausdruck ihrer Anerkennung ist die mehrfache hohe Bewertung ihrer Bedeutung in den Direktivdokumenten, aber auch die Vergabe von Lenin- und Staatspreisen in der UdSSR.

Dennoch gibt es eine gewisse Unzufriedenheit wegen ihrer bei weitem nicht ausreichenden praktischen Anwendung und Verbreitung. Der bisher eingetretene Effekt stellt nur einen Bruchteil der potentiellen Möglichkeiten dar. Es hat sich die Auffassung durchgesetzt, daß die breite Anwendung mathematischer Methoden wesentlich das Wachstumstempo des Nationaleinkommens erhöhen und das Lebensniveau verbessern könnte. Darin besteht Einigkeit bei den Fachleuten und den wissenschaftlichen und wirtschaftlichen Führungsgremien.

Ich hielte es für angebracht, hierzu einige Beispiele zu nennen, dies nicht zur Rechtfertigung, sondern um Unzulänglichkeiten richtig zu berücksichtigen und nach Möglichkeit zu eliminieren.

Es ist hervorzuheben, daß Neuerungen bei uns nicht in ausreichendem Tempo Platz greifen.

Mathematische Methoden in der Wirtschaft stellen eine komplizierte Neuerung dar, die neue Vorgehensweisen (sie können zum Beispiel nicht auf den Erfahrungen in der kapitalistischen Wirtschaft aufbauen), neue Kader, entsprechende rechentechnische Ausrüstungen, die grundlegende Veränderung der Planungstätigkeit, die Überwindung psychologischer Barrieren, neue Anforderungen an Normative und die Statistik usw. notwendig machen.

Dabei ist das Feld der Wirtschaft sehr kompliziert und komplex, seine mathematische Modellierung ist ein prinzipiell neuer Vorgang.

Zum Vergleich sei an die Nutzung der elektronischen Rechentechnik in physikalischen und technischen Berechnungen erinnert. Wie bekannt, erwies sich auch dieser Prozeß als nicht einfach. Er erforderte eine gewisse Zeit. Mathematische Modelle und Gleichungen existieren hier seit Hunderten von Jahren und wurden in dieser Zeit auch angewendet. Es bestanden bestimmte Traditionen für ihre Nutzung.

Niemand entwarf ein kompliziertes Gebäude, ein Flugzeug oder eine Turbine ohne entsprechende mathematische Berechnungen. Es bildete sich ein bestimmtes System der Organisation der Arbeit und des Einsatzes der Kader heraus.

Die Tätigkeit der Konstrukteure wurde durch Berechnungsspezialisten und Experimente der Theoretiker unterstützt und untermauert. Hier war es lediglich notwendig, die Berechnungen durch die Anwendung der neuen Rechentechnik zu beschleunigen und zu bereichern. In der Wirtschaft war dies gänzlich anders. Die ökonomische Analyse wurde oft unterbewertet, häufig sogar durch administrative Entscheidungen ersetzt.

Von den hier hervorzuhebenden konkreten Gründen und Nachteilen soll auf folgende eingegangen werden:

1) Die Modellierung erfolgt oft nicht adäquat zum realen Prozeß. Sie basiert nicht ausreichend auf der konkreten Analyse des eigentlichen Objektes und des Volkswirtschaftszweiges. Deshalb sind wissenschaftliche Voruntersuchungen durchzuführen, die nicht nach Schablone erfolgen können.

2) Die hierbei unzureichend wissenschaftlich untersuchte Überleitung ist ein kompliziertes eigenständiges Problem. Das gleiche gilt für die wertmäßige Analyse.

3) Unzulänglichkeiten des Wirtschaftsmechanismus behindern oftmals die Realisierung optimaler Lösungen. Sie erweisen sich als unzureichend im Sinne einer fehlenden Stimulierung.

4) Automatisierte Systeme der Leitung (ASU) und die elektronische Rechentechnik wurden bisher vorrangig für Informationsprozesse und Bilanzierungsaufgaben genutzt.

5) Optimierungsaufgaben spielten dabei bis zur Gegenwart nur eine untergeordnete, unwesentliche Rolle.

6) Die durchgeführten Untersuchungen und erreichten Ergebnisse sind nicht auf die für die Optimierung notwendige Erweiterung der Informationsbasis und die statistische Erfassung von Daten orientiert worden.

Weitere Gründe könnten angeführt werden.

Welche Schlußfolgerungen sind nun daraus zu ziehen? Ich möchte zwei allgemeine Schlußfolgerungen besonders hervorheben:

Erstens: Notwendig ist eine bessere Verbindung der Theorie mit der Praxis. Dabei unterstützt nicht nur die Theorie die Praxis, sondern auch umgekehrt. Nur die durch die reale

Praxis befruchtete Theorie hält der Überprüfung bei der breiten Umsetzung stand, kann sich weiterentwickeln und vorwärtsbewegen.

Zweitens: Wichtig ist eine kameradschaftliche Zusammenarbeit. Wenn der Plan durch Wissenschaftler ermittelt und dem Leitungskollektiv übergeben wurde, dient er dort nur als Hilfsmittel. Nur dann, wenn es gelingt, daß der optimierte Plan unmittelbar von den Vertretern der Fachabteilungen und den Betriebsleitern erstellt und genutzt wird, wird er zum Hauptinstrument der Arbeit.

Es muß besonders hervorgehoben werden, daß die Entwicklung automatisierter Systeme und die Nutzung von Display-Geräten sowie die Korrektur der bisherigen Bedingungen im Sinne ihres Einsatzes diesen Prozeß forcieren werden.

...

Ich bin davon überzeugt, auch die Optimierungsmethoden werden in Zukunft nicht nur geduldet und anerkannt, sondern wirklich auch in der Ausgestaltung der Volkswirtschaft angewandt und als unverzichtbares Element der Leitung und Planung der Wirtschaft genutzt.

Prof. Dr. Dr. Marlies Ahlert

Martin-Luther-Universität Halle-Wittenberg

Mathematische Modellierungen von Verhandlungen – Zwei Konzepte im Vergleich

1 Einleitung

In einer Zeit, in der zunehmende Mengen ökonomischer Transaktionen durch anonyme Auktionen per Internet getätigt werden, hat meiner Meinung nach dennoch das Prinzip des Verhandelns zwischen nicht anonymen Personen nichts an Bedeutung verloren. Es gibt immer noch wichtige Bereiche auf privater, nationaler und internationaler Ebene, z. B. Tarifvereinbarungen, Handelsabkommen und viele private Vertragsabschlüsse, die Ergebnisse direkter Verhandlungen zwischen Personen sind. Viele dieser Vereinbarungen sind dadurch gekennzeichnet, dass es nur zwei (oder zumindest wenige) Verhandlungspartner oder -parteien gibt, so dass eine Kommunikation über die Interessenslagen der einzelnen möglich und auch effizienzfördernd ist. Ich möchte in diesem Aufsatz aufzeigen, welche Funktionen die mathematische Modellierung für die Definition von Verhandlungssituationen hat und wie mittels unterschiedlicher mathematischer Ansätze Lösungskonzepte hergeleitet werden können. Dabei werde ich mich auf zwei Konzepte beschränken: die kooperative Nash-Lösung und ein neues, auf beschränkt rationalem Verhandlungsverhalten basierendes Modell eines Verhandlungsprozesses.

Verhandlungssituationen besitzen einige allgemeine Kennzeichen: Die involvierten Personen, Gruppen oder Institutionen haben das gemeinsame Interesse, eine Übereinkunft zu finden, von der jeder beteiligte Verhandlungspartner profitiert. Jeder Betroffene oder jede Gruppe hat während der Verhandlung die Möglichkeit, selbst oder durch Repräsentanten (Verhandlungsführer) die eigene Interessenlage darzustellen und Einigungsvorschläge zu unterbreiten. Bei der individuellen Bewertung von Vorschlägen und der Kommunikation darüber werden gemeinsame und individuelle Ziele, aber auch Interessensgegensätze der Verhandelnden deutlich. Alle Beteiligten haben das Recht, einem vorgelegten Einigungsvorschlag zuzustimmen oder ihn abzulehnen. Wir nehmen an, dass ein Verhandlungsergebnis nur durch die Einigung aller Beteiligten auf einen Vorschlag erreicht wird. In allen anderen Fällen gilt die Verhandlung als gescheitert. Diese Charakteristika können auf verschiedene Weisen mathematisch modelliert werden. Ich werde hier das klassische Nash-Konzept und ein eigenes neues Konzept gegenüberstellen.

2 Die Modellierung des Verhandlungsproblems nach Nash

Nash betrachtet in seinen Arbeiten von 1950 und 1953 Verhandlungsprobleme, die dadurch gekennzeichnet sind, dass zwei Individuen die Möglichkeit haben, durch Kooperation einen für beide besseren Zustand als den derzeitigen zu erreichen. [1] [2] Im Allgemeinen gibt es mehrere derartige Zustände, so dass das Verhandlungsproblem darin besteht, einen von diesen auszuwählen. Das Verhandlungsproblem gilt als gelöst, wenn sich beide Individuen auf eine bestimmte Art der Kooperation geeinigt haben. Nashs Leistung besteht zum einen darin, ein mathematisches Modell für Verhandlungssituationen vorgeschlagen zu haben, das auch heute noch Anwendung findet. Zum anderen hat er eine Menge von vier grundlegenden mathematisierten Eigenschaften vorgeschlagen, die ein Lösungskonzept besitzen sollte. Nash konnte mittels eines mathematischen Beweises zeigen, dass es genau ein Lösungskonzept für Verhandlungsprobleme gibt, das diesen Axiomen genügt. Diese Lösung wird als kooperative Nash-Lösung bezeichnet und kann als das Ergebnis eines Maximierungskalküls hergeleitet werden. Im Laufe der Jahrzehnte sind verschiedene Varianten von Modellannahmen und Axiomen vorgeschlagen und weitere Charakterisierungssätze bewiesen worden. Um zu verdeutlichen, welche Rolle die Mathematik hierbei innehat, reicht es allerdings aus, die wesentlichen Ideen des sogenannten Nash-Konzeptes darzustellen.

Wir betrachten zwei verhandelnde Spieler, auch Personen, Individuen oder Parteien genannt (die Verallgemeinerung auf eine beliebige endliche Zahl von Spielern ist möglich). X sei die Menge aller denkbaren reinen Alternativen, d. h. Alternativen, die nicht durch Unsicherheiten oder Risiken definiert sind, auf die sich die beiden Verhandelnden einigen könnten. Um auch stochastische Einigungen zu erlauben, wird nun der Raum der gemischten Alternativen X' gebildet, der aus der Menge der Lotterien über jeweils endlich vielen Alternativen aus X besteht. Es wird angenommen, dass Spieler 1 und Spieler 2 reine und gemischte Alternativen mittels kardinaler von Neumann-Morgenstern-Nutzenfunktionen bewerten. Die Nutzenfunktionen der beiden Personen seien interpersonell nicht vergleichbar. Auch diese Annahmen können durch mathematisch formulierte Axiome begründet werden, auf die hier nicht weiter eingegangen werden soll. Unter den Alternativen befindet sich auch die Alternative x_0 der Nichteinigung, auch Status quo genannt. Mittels der Nutzenfunktionen u_1 und u_2 der beiden Personen wird das Paar (X',x_0) auf ein Paar (S,d) abgebildet mit $S \subset \mathfrak{R}^2$ und $d \in S$.

Definition einer Verhandlungssituation: Ein Paar (S,d) mit $S \subset \mathfrak{R}^2$ und $d \in S$ heißt eine Verhandlungssituation mit zwei Personen, falls

(i) S konvex und kompakt ist und

(ii) ein $s \in S$ existiert mit $d < s$ (dabei ist $d < s$ komponentenweise zu interpretieren).

Die Annahme der Kompaktheit von S sichert, dass stetige Funktionen auf S ihr Maximum annehmen, was für die Herleitung von Lösungen aus Optimierungskalkülen erforderlich ist. Konvexität ist durch die Modellierung mittels kardinaler von Neumann-Morgenstern-Nutzenfunktionen automatisch erfüllt. Bedingung (ii) fordert die Existenz eines gemeinsamen Verhandlungsanreizes für beide beteiligten Personen, so dass beide einen Vorteil durch die Kooperation erzielen können. Mit B^2 bezeichnen wir die Menge aller Verhandlungssituationen mit zwei Personen.

3 Die Modellierung einer Verhandlungslösung

Eine Abbildung $f: B^2 \to \mathfrak{R}^2$ mit $f(S, d) \in S \; \forall (S,d) \in B^2$ heißt Verhandlungslösung auf B^2. $f(S,d)$ heißt Verhandlungslösung für die Situation (S,d).

Diese Definition eines Lösungskonzeptes bedeutet, dass in dem Modell das Auffinden einer Einigung nur von den Informationen abhängig gemacht wird, die in dem Paar (S,d) enthalten sind. Die Lösung eines Verhandlungsproblems wird durch einen Punkt in S definiert. Die nachfolgende Modellierung der Eigenschaften der Lösung findet nur noch im Nutzenraum statt. Der ökonomische Rahmen der Verhandlung selbst wird, nachdem die Situation im Nutzenraum repräsentiert worden ist, nicht mehr betrachtet.

Die Axiome der Invarianz unter positiv affinen Transformationen der Nutzenfunktionen, der Symmetrie, der schwachen Pareto-Optimalität und der Unabhängigkeit von irrelevanten Alternativen werden als Eigenschaften der Lösungsfunktion auf B^2 definiert. Nash beweist in einem Charakterisierungssatz, dass es genau eine Funktion F gibt, die diese Eigenschaften besitzt.

Theorem (Nash)
Es gibt genau eine Verhandlungslösung F, die die vier oben genannten Axiome erfüllt. Für eine Verhandlungssituation (S,d) in B^2 ist F(S,d) derjenige Punkt $x \in S$ mit $x \geq d$, der die Eigenschaft $(x_1-d_1) \cdot (x_2-d_2) > (y_1-d_1) \cdot (y_2-d_2)$ für alle $y \in S$ mit $y \geq d$ und $y \neq x$ besitzt.

Die Nash-Verhandlungslösung wählt also aus den individuell rationalen Punkten y ($y \geq d$) im Raum der erreichbaren Nutzenpaare denjenigen Punkt aus, der das Produkt der Nutzenzuwächse aller Individuen gegenüber dem Status quo maximiert. Das heißt, dass in diesem Modell die Einigung in einem Verhandlungsproblem durch ein Maximierungskalkül bestimmt wird. Diese Technik der Maximierung von Zielfunktionen unter Nebenbedingungen ist ein Kennzeichen der traditionellen mathematisch modellierten ökonomischen Theorie.

Das Nash-Konzept hat über 50 Jahre die Forschung in verschiedenen Ausrichtungen beeinflusst. Es sind alternative Axiomensysteme entwickelt worden, die andere Lösungsfunktionen charakterisieren. Es sind nicht-kooperative Spiele entwickelt worden, deren nicht-kooperatives Nash-Gleichgewicht mit der kooperativen Lösung übereinstimmt. Die Lösung ist in komplexere ökonomische Modelle eingebaut worden, wobei die Nash-Lösung häufig anderen Konzepten vorgezogen wurde, gerade weil sie auf ein recht einfaches Maximierungskalkül herausläuft. Außerdem ist die Vorhersagerelevanz der kooperativen Nash-Lösung und anderer Lösungskonzepte in Verhandlungsexperimenten getestet worden. Hier ergeben sich Probleme, auf die ich nun genauer eingehen will.

4 Experimentelle Befunde

Die kooperative Nash-Lösung, die Kalai-Smorodinski-Lösung (1975), die egalitäre Lösung und andere proportionale Verhandlungslösungen sind in vielen verschiedenen Verhandlungsexperimenten getestet worden. [3] Zusammenfassend kann festgestellt werden, dass keine dieser Lösungen eindeutig die beste Vorhersage für Einigungen in Verhandlungsexperimenten liefert. So habe ich z. B. festgestellt, dass proportionale Konzepte die Einigungen sehr gut vorhersagen. [4] Die Proportionalitäten, die sehr gute Prognosen für die Gewinnaufteilungen liefern, hängen von den Zielvorstellungen der verhandelnden Parteien ab. Die in den Experimenten beobachteten Einigungen weisen häufig die Eigenschaft auf, dass die realisierten Zugewinne der verhandelnden Parteien identische Anteile gemessen an ihren Zielvorstellungen für die Zugewinne besitzen. Solche Zielvorstellungen bilden ebenso wie der Status quo Anspruchsniveaus der Verhandlungspartner. Tietz und Koautoren haben die Bedeutung von Anspruchsniveaus für den Verlauf von Verhandlungen in einer deskriptiven Theorie des „Aspiration Balancing" (Anspruchsausgleich) formuliert. [5] [6] Diese deskriptive Theorie hat mich dazu angeregt, außer den Zielvorstellungen noch weitere Anspruchsniveaus in eine axiomatische Theorie aufzunehmen. Außerdem wollte ich kein statisches, normatives Lösungskonzept, sondern einen Verhandlungsprozess modellieren. Die mathematisch formalisierten Axiome modellieren dabei das Verhandlungsverhalten auf der Grundlage von in Experimenten beobachteten Rationalitätsprinzipien.

5 Einigungen durch Anspruchsausgleich

In den bilateralen Verhandlungen der Experimente von Tietz und Koautoren (vgl. [7] und [8]) und Klemisch-Ahlert [9] haben die verhandelnden Personen folgende Anspruchsniveaus offenbart: das bestmögliche Ergebnis (als Hilfsgröße um den Verhandlungsbereich abzugrenzen); das geplante Ziel; die als erreichbar angesehene Einigung; das niedrigste akzeptable Ergebnis; das Niveau, bei dem mit Abbruch der Verhandlung gedroht wird; und das geplante Niveau, bei dem die Verhandlung abgebrochen wird. Diese Anspruchsniveaus strukturieren die Verhandlungssituation und den Verhandlungsprozess. Das mathematische Verhandlungsmodell basiert daher hier nicht auf Nutzenfunktionen, sondern auf der Zerlegungen der Menge der möglichen Einigungen durch die Anspruchsniveaus der zwei Personen. Tietz hat diese Struktur als Anspruchsgitter bezeichnet. Bei einer Verhandlung mit abwechselnden Vorschlägen beginnt jeder Verhandlungspartner mit Forderungen im Bereich seines höchsten Anspruchsniveaus. Dann werden schrittweise Konzessionen gemacht. Konzessionen werden sowohl dadurch gemessen, dass in eigenen Anspruchsniveaus nachgegeben wird, als auch in den Anspruchsniveaus des Gegners Zugeständnisse gemacht werden. Eine Einigung kommt zustande, wenn das Angebot einer Person im Bereich des aktuellen Anspruchsniveaus der anderen Person liegt.

Der beschränkt rationale Verhaltensansatz dieses Modells führt nicht zu einem Maximierungskalkül, sondern zu Bedingungen, unter denen eine Person ein Anspruchsniveau verteidigt oder unter denen sie ein Zugeständnis macht. Diese Bedingungen für das Verhandlungsverhalten werden von mir in Axiome gefasst. [10] Die Axiome sind Mathematisierungen der Beobachtungen des Verhaltens in Experimenten. Ich zeige, dass aus diesen Axiomen das Prinzip des Anspruchsausgleichs folgt. Es bedeutet, dass die Niveaus der jeweils letzten Vorschläge beider Personen in benachbarten oder gleichen Niveaus bezogen auf ihre eigenen Ansprüche liegen. Die Menge der akzeptablen Lösungen von Verhandlungsprozessen, die diesen Axiomen folgen, wird eindeutig charakterisiert. Das beschränkt rationale Lösungskonzept lässt den verhandelnden Parteien einen Spielraum für eigene Entscheidungen, gibt aber eine Vorhersage für die Position der Lösung im Anspruchsgitter ab, die experimentell belegt ist.

6 Fazit

Die mathematische Modellierung von Verhandlungen benötigt eine geeignete Basis, auf der die Annahmen des Modells definiert werden können. Um der Erklärung von Verhandlungsabläufen näher zu kommen, erscheint es mir unausweichlich zu sein, auf das Verhalten der Wirtschaftssubjekte einzugehen und dieses zu modellieren. Wie in einer Vielzahl von Experimenten gezeigt worden ist, ist die Annahme der strikten Rationalität eines homo oeconomicus, der seine Aktionen und Strategien nach Optimierungskalkülen für Auszahlungen, Gewinne oder Nutzen auswählt, als Grundlage für das Modellieren von Verhandlungsverhalten nicht geeignet. Eine Alternative bildet das beschränkt rationale Verhalten der Anspruchsanpassung. Mit diesem Ansatz kann sowohl das Verharren auf Positionen, das wir in Verhandlungen beobachten, als auch das Gewähren von Konzessionen modelliert werden.

Die Mathematik, die für die jeweiligen Modelle erforderlich ist, hat sich nach den Grundlagen des Modells und nach der Zielsetzung des Modellierenden zu richten. Diese Forderung zu erfüllen, kann beschwerlich sein, insbesondere bei innovativen Modellen, zu denen es keine etablierten Techniken gibt. Der Beweis der Eindeutigkeit der Nash-Lösung hat neue Methoden initiiert. Die Charakterisierung von Verhandlungslösungen mittels Anspruchsanpassung hat wiederum ein neu definiertes Modell, neue Arten von Axiomen und neue Beweiskonzepte für den Charakterisierungssatz erforderlich gemacht.

Literatur

[1] **Nash, J. F.:** The Bargaining Problem. Econometrica 18. 1950, S. 155-162.
[2] **Nash, J. F.:** Two-Person Cooperative Games. Econometrica 21. 1953, S. 128-140.
[3] **Kalai, E.; Smorodinsky, M.:** Other Solutions to Nash's Bargaining Problem. Econometrica 43. 1975, S. 513-518.
[4] **Klemisch-Ahlert, M.:** Bargaining in Economic and Ethical Environments - An Experimental Study and Normative Solution Concepts. Lecture Notes in Economics and Mathematical Systems 436. Berlin, Heidelberg, New York 1996.
[5] **Tietz, R. (ed.):** Aspiration Levels in Bargaining and Economic Decision Making. Lecture Notes in Economics and Mathematical Systems 213, Berlin, Heidelberg, New York, Tokyo 1982.
[6] **Bartos, O. J.; Tietz, R.:** Balancing of Aspiration Levels as Fairness Principle in Negotiations. In: Tietz, Reinhard (ed.): Aspiration Levels in Bargaining and Economic Decision Making. Lecture Notes in Economics and Mathematical Systems 213, Berlin, Heidelberg, New York, Tokyo 1983.
[7] **Bartos, O. J.; Tietz, R.:** Balancing of Aspiration Levels as Fairness Principle in Negotiations. In: Tietz, Reinhard (ed.): Aspiration Levels in Bargaining and Economic Decision Making. Lecture Notes in Economics and Mathematical Systems 213, Berlin, Heidelberg, New York, Tokyo 1983.
[8] **Tietz, R.; Thomas, W.:** The Search Process in Bilateral Negotiations. Frankfurter Arbeiten zur Experimentellen Wirtschaftsforschung. Nr. A 14, Department of Economics, University of Frankfurt 1982.
[9] **Klemisch-Ahlert, M.:** Bargaining in Economic and Ethical Environments - An Experimental Study and Normative Solution Concepts. Lecture Notes in Economics and Mathematical Systems 436. Berlin, Heidelberg, New York 1996.
[10] **Ahlert, M.:** An Axiomatic Aproach to Bounded Rationality in Negotiations – Agreements by Aspiration Balancing. Discussion Paper presented at the Public Choice and ESA Meeting, Nashville, March 2003.

Dr. Stefan Arndt

Martin-Luther-Universität Halle-Wittenberg

Simulationsbasierte Optimierung

1 Einführung

„Simulation ist der Prozess der Modellbeschreibung eines realen Systems und das Experimentieren mit diesem Modell mit der Absicht, entweder das Systemverhalten zu verstehen oder verschiedene Strategien für Systemoperationen zu entwickeln." [1] Ergänzend wird in [2] festgestellt, dass die Simulation im engeren Sinn die Nachbildung eines dynamischen Prozesses in einem Modell ist, um zu Erkenntnissen zu gelangen, die auf die Wirklichkeit übertragbar sind. Die verwendeten Modelle können materielle oder immaterielle (formale) Modelle sein, die im Allgemeinen keinen expliziten Zusammenhang zwischen den Modell-Variablen benötigen, jedoch programmierbar sein müssen. [3] Simulation zielt auf eine Verbesserung der Systeme, indem Alternativen verglichen werden und das beste System herausgesucht wird. Mathematische Optimierung ist nicht unmittelbares Ziel der Simulation. Simulation lässt sich jedoch mit mathematischer Optimierung programmtechnisch zur simulationsbasierten Optimierung verbinden. Damit steht eine sehr leistungsfähige Methode für viele Probleme in Naturwissenschaft, Technik und Wirtschaft zur Verfügung. Der Zeitaufwand für die simulationsbasierte Optimierung mit stochastischen, dynamischen Modellen nur mittlerer Größe ist bei einer seriellen Programmabarbeitung mit den leistungsstärksten Rechnern schon sehr groß. Aus physikalischen Gründen ist jedoch die Prozessorleistung in den nächsten Jahren nur noch begrenzt steigerbar. Deshalb sollten für zeitaufwendige Simulations- und Optimierungsaufgaben vorrangig verteilte oder Parallel-Architekturen verwendet werden. Ziel der vorliegenden Untersuchung ist es, dazu folgende Fragen zu beantworten:

1. Wie kompliziert ist es, mit einfachen Mitteln Parallelarchitekturen aus Arbeitsplatz- rechnern für die Optimierung mit Simulationsmodellen aufzubauen?

2. Welches Parallelisierungspotenzial ist für die Optimierung mit stochastischen, dynamischen Simulationsmodellen vorhanden?
3. Welche Software kommt in Frage?
4. Kann das Parallelisierungsverhalten prognostiziert werden?
5. Ist eine heterogene Parallelarchitektur sinnvoll und effektiv?
6. Sind zusätzliche Anforderungen an die Hardware zu stellen?
7. Wie ist eine Lastbalancierung bei Arbeitsplatzrechnern mit Leistungsunterschieden und mit unterschiedlicher Belastung zu realisieren?
8. Welche Forderungen ergeben sich an die kommerziellen Softwarehersteller?

2 Realisierung verteilter, paralleler Rechner-Architekturen

Mit dem frei verfügbaren Linux, der PVM-Software [4] und den immer preiswerteren Arbeitsplatzrechnern (im Folgenden kurz PC's genannt) sind kostengünstig Parallel-Architekturen als Cluster realisierbar, die bei entsprechender Ausstattung (CPU-Leistung, RAM, Netzwerkkarte, Switch, Netzwerk) fast bis an die Leistungsfähigkeit von teuren Parallelrechnern heranreichen. PVM (Parallel Virtual Machine), wie auch einige andere Softwareprodukte, ermöglichen die Erweiterung der Programmiersprachen C oder Fortran für Parallelarchitekturen durch die PVM-Library. Genutzt wird für das realisierte Cluster als Betriebssystem Linux, das meistens ein vollständiges PVM enthält. Auch für Nichtspezialisten ist es möglich, innerhalb kurzer Zeit Betriebssystem und Software mit dem mitgelieferten Installationstool zu installieren. Das getestete Linux-Cluster besteht aus PC's mit Pentium-Prozessoren im 10 Mbit/s-Ethernet-Netzwerk.

Als Simulationssoftware wird das ereignisdiskrete Simulationsprogramm SIMLIB nach Law/Kelton [5] in der Fortran-Variante verwendet. Kommerzielle Programme kommen nicht in Frage, da die erforderlichen Programmeingriffe nur auf Quellcode-Basis möglich sind und dieser im Allgemeinen nicht zur Verfügung steht. Das in [5] vorgestellte stochastische, ereignisdiskrete, dynamische Job-Shop-Modell ist Grundlage für ein Simulationsmodell, das eine

Auftragsfertigung mit stochastischer Auftragsfolge beinhaltet. Das Optimierungsprogramm Mosa [6] nach dem Simulated-Annealing-Verfahren liegt ebenfalls als Quellcode in Fortran vor und kann somit programmtechnisch angepasst werden.

3 Simulation der Parallelarchitektur

Vor der Programmierung von PC's in einer Parallelarchitektur ist es nützlich, deren zeitliches Verhalten für die anstehenden Aufgaben abzuschätzen, um die Eignung der Parallel-Struktur und den Leistungsanspruch an die Arbeitsplatzrechner vorherzusagen. Dafür wurde ein einfaches Simulationsmodell entwickelt und somit eine Simulation der verteilten Simulatoren durchgeführt (Abbildung 1).

Die Cluster-Simulation auf der Basis von Echtzeitmessungen an den Einzel-PC's bringt für das PC-Cluster Ergebnisse, die mit den Messungen am Cluster sehr gut übereinstimmen. Als Simulationsprogramm eignet sich zum Beispiel das ereignisdiskrete ARENA [7]. Berücksichtigt werden im Cluster-Modell weiterhin Laufzeiten zwischen den Netzknoten und geschätzte Latenzzeiten für die Ausführung der System-Aufrufe zur Kommunikation und Abarbeitung durch das Netzwerkprotokoll.

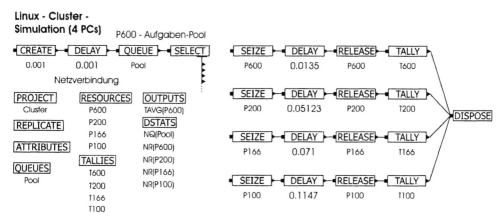

Abbildung 1: Simulation eines Linux-Clusters aus heterogenen PC's mit ARENA

4 Optimierungsverfahren für verteilte Simulationsmodelle

Optimierungsverfahren, die eine „natürliche" Parallelisierbarkeit enthalten, eignen sich besonders gut. Mit dem Simulated-Annealing-Verfahren [6] ist eine einfache Parallelisierungsstrategie realisierbar, wenn für die einzelnen „Temperaturniveaus" Zufallszahlen für die Optimierungsvariablen verwendet werden. Auch Genetische Algorithmen eignen sich aus ähnlichem Grund gut für eine Parallelisierung. Durch die Unabhängigkeit der Suchschritte in den Verfahren ist eine Datenparallelität gegeben. Beide Verfahren ermöglichen auch häufig das Auffinden globaler Optimalwerte. Sie erheben in gewissem Maße den Anspruch auf allgemeine Problemlösungsverfahren für die simulationsbasierte Optimierung. Ihre sequentielle Abarbeitung führt jedoch zu großen Zeitproblemen.

Als Zielfunktion wird eine Gewinnfunktion verwendet. Die Simulation eines stochastischen Job-Shop-Modells mit 5 Maschinen, nur 3 Aufträgen, einer Abeitszeit von 8 Stunden benötigt auf einem 1,8 GHz-PC eine Rechenzeit von 7 Sekunden. Die Berechnung von 10 gleichparametrischen Simulationsläufen zur Ermittlung eines 95%-Konfidenzintervalls des Zielfunktionswertes dauert dann 70 Sekunden. Das Optimierungsverfahren erzielt nach 120 Zielfunktionswerten ein Optimum bei einer Rechenzeit zirka 2:20 Stunden.

Aus zurückliegenden Untersuchungen ist bekannt, dass solche Zielfunktionen nicht konvex sind. Im Simulationmodell werden Ankunftszeiten und Bearbeitungszeiten in den Ressourcen mit Verteilungsfunktionen modelliert. Das gesamte Optimierungsmodell ist dynamisch, ereignisdiskret, nichtlinear und stochastisch (siehe Abbildung 2).

Für die Zielfunktionswerte kann deshalb bestenfalls ein Konfidenzintervall mit einem vorzugebenden Konfidenzlevel $1-\alpha$ (α = Irrtumswahrscheinlichkeit) angegeben werden. Der wahre Wert der Zielfunktion liegt mit der Wahrscheinlichkeit von $(1-\alpha)$ im Konfidenzintervall $conf_{1-\alpha}$. Jedes Konfidenzintervall wird aus n stochastisch unabhängigen Simulationsläufen errechnet, wobei n erst bekannt wird, wenn das vorgegebene Konfidenzintervall unterschritten wird. Die Zielfunktion könnte wie in Abbildung 2 aussehen.

Die Gleichungsnebenbedingungen GNB beschreiben das ereignisdiskrete Simulationsmodell, e den Ereignisvektor, T(e) die vom Ereignisvektor abhängigen Ereignisintervalle, INB die modellinternen, impliziten Beschränkungen von zum Beispiel Warteräumen und UNB diverse Beschränkungen für die Optimierungsvariablen.

(1)   ZF: $f(X) = conf_{1-\alpha}[z(X)] \rightarrow Min$ $x \in \Re^n$

(2)   GNB: $y(t) = h\{y([t-T(e)], x, u[t-T(e)]\}$ $h \in \Re^m$

(3)   INB: $y([t-T(e)] \leq y_{max}$ $y \in \Re^y$

(4)   UNB: $g(X) \leq 0$ $g \in \Re^q$

Abbildung 2: Beispiel der Zielfunktion ZF eines stochastischen, ereignisdiskreten Optimierungsmodells

5 Optimierung mit verteiltem Simulationsmodell

Das Optimierungsprogramm startet von einem Master-Rechner, der einen Aufgabenpool für Simulationsvarianten und Zielfunktionsteilgebiete für die Slaves bereitstellt, aus denen diese sofort Aufgaben entnehmen, sobald sie eine Aufgabe beendet haben. Damit ist ein Lastausgleich zwischen den Rechnern möglich, da jeder Rechner bei freier Kapazität sofort Aufgaben aus dem Pool entnimmt. Ist der Aufgabenpool abgearbeitet oder wird die Aufgabenentnahme durch den Master vorzeitig bei Erreichung des vorgegebenen Konfidenzintervalls beendet, nimmt der Master eine Auswertung vor und stellt gegebenenfalls einen neuen Aufgabenpool bereit.

Parallelisierungspotenzial steckt aber auch in der Simulationsdurchführung ereignisdiskreter Systeme. Neben der trivialen Modellzerlegung in parallele Zweige gibt es für Modellbereiche mit Rückführungen die „optimistischen Verfahren", für die Softwarelösungen existieren, hier aber nicht zur Verfügung stehen. Untersuchungen in der Literatur stellen fest, dass solche optimistischen Verfahren kompliziert und oft wenig effektiv sind.

Besonderheiten treten bei der Optimierung dynamischer Systeme auf: Der Zielfunktionswert ist erst nach zeitlich beendetem Simulationslauf bekannt. System-Instabilitäten im Simulationsmodell müssen durch geignete Maßnahmen berücksichtigt werden, indem die oben eingeführten impliziten Nebenbedingungen im Optimierungsprogramm definiert werden. Die Erfüllung dieser Zusatzbedingungen ist aber erst während oder nach dem Simulationslauf prüfbar. Solche Simulationsläufe werden mit Straftermen bewertet oder verworfen, wodurch eine Erhöhung des Rechenaufwandes entsteht. Der erhöhte Rechenaufwand geht bei der seriellen Simulation voll in die Gesamtrechenzeit ein, bei PC-Clustern mit ausreichenden Ressourcen nur geringfügig.

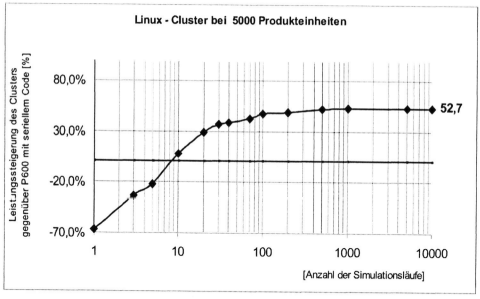

Abbildung 3: Leistungsvergleich zwischen PC-Cluster (paralleler Code) und dem leistungsstärksten PC (serieller Code). Messung an einem stochastischen, ereignisdiskreten Produktionsmodell mit einstufiger Bearbeitung von 5000 Produkteinheiten

Bei einer realistischen Simulation sind stochastische Eigenschaften zu berücksichtigen. Die Zielfunktion ist dann eine Verteilungsfunktion. Mit einem einzigen Simulationslauf kann nur eine unrealistische Momentaufnahme erzielt werden. N Simulationsläufe sind für die Berechnung der Zielfunktion erforderlich, um dafür als Kenngrößen Mittelwerte, Streuungen oder Konfidenzintervalle verwenden zu können.

Das Cluster wurde mit PC's sehr unterschiedlicher Prozessorleistung getestet. Die Leistung der Einzel-PC's liegen bei 17 %, 28 % und 33 % des leistungsstärksten 100 % - PC's.

Gegenüber dem leistungsstärksten Einzel-PC mit seriellem Code führt das Cluster im Test zu einer Leistungssteigerung auf maximal 152,7 % und ist ab acht Simulationsläufen pro Zielfunktionswert der seriellen Variante überlegen (siehe Abbildung 3). Die Cluster-Simulation mit dem ARENA-Modell ergibt für 4 PC's der Leistungsstärke 100 % eine Steigerung auf 397 %.

Mit dem leistungsschwächsten PC (17 % Leistung des leistungsstärksten) ist die untere Beitragsgrenze eines Einzel-PC's erreicht.

Bei großen Leistungsunterschieden der PC's ist zu beachten, dass der Aufgabenpool für die leistungsschwachen PC's rechtzeitig zu sperren ist, wenn deren Endrechenzeit über die erforderliche Gesamtrechenzeit hinausreicht. Das ist durch eine Zeitschätzung abzusichern.

6 Fazit

Im Vergleich zur seriellen Lösung eines Optimierungsproblems mit implizitem Simulationsmodell bringt die Nutzung eines Linux-Cluster einen Leistungsgewinn. Das liegt vor allem daran, dass in der Simulation und Optimierung stochastischer Prozesse viel einfaches Parallelisierungspotenzial steckt. Insofern kann keine Verallgemeinerung auf andere Problemklassen getroffen werden. Der gesamte Aufwand, beginnend mit dem Zusammenschluss der PC-Komponenten und der Parallelisierung der seriellen Software bis hin zur Realisierung des PC-Clusters mit parallelisierter Software, konnte realistisch eingeschätzt werden. Daraus ist abzuleiten, dass kommerzielle Hersteller von Simulations- und Optimierungssoftware bald in der Lage sein sollten, Simulations- und Optimierungssoftware für PC-Cluster anzubieten.

Wegen der zur Zeit schlechten Portierbarkeit vorhandener, kommerzieller Software auf Parallel-Architekturen für die simulationsbasierte Optimierung wird gegenwärtig weltweit an Konzepten gearbeitet, um diese Nachteile zu beseitigen. Für einige kommerzielle Simulationsprogramme werden Optimierungsprogramme als Zusätze angeboten. Die Möglichkeit einer Verteilung auf Rechner-Cluster blieb bisher unberücksichtigt. Eine Unterstützung der simulationsbasierten Optimierung durch grafische Anwahl von Optimierungs- und Simulations-Modellblöcken auf der Modell-Oberfläche und eine Verteilung auf die Cluster-Rechner sollte in Zukunft möglich werden.

Literatur

[1] **Shannon, R. E.:** Systems Simulation. The Art and the Science. Englewood Cliffs 1975, S.2.
[2] VDI-Richtlinie 3633.
[3] **Niemeyer, G.:** Simulation. In: Kurbel, K.; Strunz, H.(Hrsg.): Handbuch der Wirtschafts-informatik. Stuttgart, 1990.
[4] **Al Geist et. al.:** PVM: Parallel Virtual Machine. A Users' Guide and Tutorial for Networked Parallel Computing. 1994.
[5] **Law, A. M.; Kelton, W. D.:** Simulation Modeling and Analysis. 1991.
[6] o.V.: Mathematical Optimization. Copyright (C) 1991, 1992, 1993, 1994, 1995 by the Computational Science Education Project. In: csep1.phy.ornl.gov/CSEP/MO/MO.html.
[7] **Kelton, W. D.; Sadowski, R. P.; Sadowski, D. A.:** Simulation with ARENA. 1998.

Prof. Dr. Wilfried Grecksch

Martin-Luther-Universität Halle-Wittenberg

Wong-Zakai Approximation of a Fractional Stochastic Partial Differential Equation

1 Introduction

In many applications the nonhomogeneities of the medium may alter the laws of Markov diffusion in a fundamental way. In particular the correlation function of a diffusion process may decay to zero at a much slower rate than the usual exponential rate of Markov diffusion, resulting in long-range depence. This property can be described by application of fractional Brownian motion. Here we consider a initial-boundary-value problem for a linear parabolic stochastic equation where the stochastic influence is decribed by an additive infinite dimensional fractional Brownian motion.

The solution is defined by using of the Green function of the deterministic problem. Here we approximate the solution by the so called Wong-Zakai-approximation, that is: The noise process is approximated by processes with piece wise differentiable trajectories. The Wong-Zakai-approximation is used to ordinary Ito equations [1], to the stochastic Navier-Stokes equation in [2] and to fractional stochastic elliptic equation in [3].

2 Existence and Uniqueness Theorem

Let $W_j(t)(t \geq 0, j = 1,2,...)$ be indepedent real fractional Brownian motions [4] on a complete probability space (Ω, F, P) with

$$E(W_j(t)W_j(s)) = \frac{1}{2}\lambda_j(t^{2h} + s^{2h} - (t-s)^{2h}), h \in \left]\frac{1}{2}, 1\right[, \sum_{j=1}^{\infty}\lambda_j < \infty.$$

H denotes a separable Hilbert space. Let e_j $(j = 1,2,...)$ be a complete orthonormal system in H. Then $W(t) = \sum_{j=1}^{\infty} e_j W_j(t)$ is called a Hilbert space valued fractional Brownian motion, where the convergence is defined in mean sequare [5]. We define a stochastic integral $\int_0^t h(s)dw(s)$ $(t \geq 0)$ for deterministic real functions $h(.)$ with $\int_0^t h^2(s)ds < \infty$ $(t \geq 0)$ by

$$\int_0^t h(s)dw(s) = \sum_{j=1}^{\infty} \int_0^t h(s)e_j dW_j(s).$$ It holds

(1) $\quad E\left\|\int_0^t g(s)dW(s)\right\|^2 \leq Ct^{2h}$

for fixed constant $C > 0$ ([5]).

Now we choose $H = L^2[0,1]$. Let $G_t(x,g)$ be the Green function of the deterministic problem

$$\frac{\partial}{\partial t}v(t,x) = \frac{\partial^2}{\partial x^2}v(t,x), v(0,x) = \psi(x), v(t,0) = v(t,1) = 0.$$

Then we have

$$v(t,x) = \int_0^1 G_t(x,y)\psi(y)dy$$

with

$$G_t(x,y) = 2\sum_{n=1}^{\infty} \sin(n\pi x)\sin(n\pi y)\exp\{-(n\pi)^2 t\}.$$

We assume $g \in L^2([0,T] \times [0,1]), T > 0, b \geq 0$ with $1 - 2\mu^2 > 0$ so and

$$\mu^2 = b^2 \int_0^T \int_0^1 \int_0^1 \int_0^1 G_{t-s}^2(x,y)dydsdxdt, X_0 \in C(0,1)$$

with $X_0(0) = X_0(1) = 0$.

We introduce

(2) $\quad dX(t,x) + bX(t,x)dt = \dfrac{\partial^2}{\partial x^2}X(t,x)dt + g(t,x)dt + \sum_{j=1}^{\infty} e_j(x)dw_j(t)$

for $t \in [0,T], x \in]0,1[$

and assume $X(0,x) = X_0(x), X(t,0) = X(t,1) = 0$ and define (2) by the following stochastic integral equation

(3) $\quad X(t,x) + b \int_0^t \int_0^1 G_{t-s} X(s,y) dy ds$

$$= \int_0^1 G_t(x,y) X_0(y) dy$$

$$+ \int_0^t \int_0^1 G_{t-s}(x,y) g(s,y) dy$$

$$+ \int_0^t \int_0^1 G_{t-s}(x,y) dW(s,y) dy$$

where

$$\int_0^t \int_0^1 G_{t-s} dW(s,y) dy$$

$$= \sum_{j=1}^{\infty} \int_0^t \left\{ \int_0^1 2 \sum_{n=1}^{\infty} \sin(n\pi x) \sin(n\pi y) \exp\left\{-(n\pi)^2 (t-s)\right\} e_j(y) dy \right\} dW_j(s)$$

One can prove with standard arguments

Theorem 1 *There is a unique (with probability 1) determined solution process of (2) with* $X(.,.) \in C([0,T], C^2[0,1])(P-a.e.)$ *and* $E \int_0^1 X^2(t,x) dx < \infty$ *for all* $t \in [0,T]$.

3 Approximation Method

We consider a partition $0 = t_0 < t_1 ... < t_n = T$ with $\delta = t_{j+1} - t_j$ for all $j = 0,...,n-1$ and $\delta \to 0$. We approximate the finite dimensional fractional Brownian motion $W^r(t) = \sum_{j=1}^{r} e_j(x) W_j(t)$ by piece wise differentiable processes $w_{r,\delta}(t,x)$ with

$$\frac{\partial}{\partial t} w_{r,\delta}(t,x) = \frac{1}{\delta} \sum_{j=1}^{r} e_j(x) (W_j(t_{i+1}) - W_j(t_i)) \text{ for } t \in [t_i, t_{i+1}[, x \in [0,1].$$

Lemma 1 Assume $f : [0,T] \times [0,1] \to \Re^1$ with

$$|f(t,x)| \leq C, |f(t,x) - f(t,y)| \leq \gamma |t-s|^{\alpha}, |e_j(x)| \leq C \text{ for all } s,t \in [0,T], x \in [0,1], j=1,2,\ldots \text{ and}$$

fixed constants $C, \gamma, \alpha > 0$.

Then

$$E \left| \int_0^T \int_0^1 f(t,x) dW^{(r)}(t,x) - \int_0^T \int_0^1 F(t,x) dW_{r,\delta}(t,x) \right|^2 \leq const \, \delta^{2\alpha}.$$

The proof follows from the property (1) and the construction of $W_{r,\delta}(t,x)$.

Let $\tilde{X}(x,t)$ be the solution of (3) we substitute W by $W_{r,\delta}$ and let $X^{(r)}(t,x)$ be the solution of (3) if we substitute W by $W^{(r)}$. $\Delta(t,x)$ denotes the random field $\Delta(t,x) = X^{(r)}(t,x) - \tilde{X}(t,x)$.

Then we have

$$\Delta(t,x) + b \int_0^t \int_0^1 G_{t-s}(x,y) \Delta(s,y) dy ds = \Phi(t,x)$$

with

$$\Phi(t,x) = \int_0^t \int_0^1 G_{t-s}(x,y) dW^{(r)}(s,y) - \int_0^t \int_0^1 G_{t-s}(x,y) dW_{r,\delta}(s,y)$$

and

(4) $\quad \int_0^T \int_0^1 E\Delta^2(t,x) dx dt \leq \dfrac{2 \int_0^T \int_0^1 E\Phi^2(t,x) dx dt}{1 - 2\mu^2}$

$G_{t-s}(x,y)$ is with respect to s Lipschitz continuous. Therefore it follows from Lemma 1 and (4).

Theorem 2 *It holds*

$$\int_0^T \int_0^1 E\Delta^2(t,x)dxdt \leq \frac{2const}{1-2\mu^2}\delta^2.$$

If $\Delta^{(r)}(t,x) = X(t,x) - X^{(r)}(t,x)$ then we get with Gronwall Lemma and the properties of the stochastic integral $E\int_0^1 |\Delta^{(r)}(t,x)|^2 dx \leq const \sum_{j=r+1}^{\infty} \lambda_j$.

Consequently we get the following approximation theorem

Theorem 3 *It is fullfiled the following estimate:*

$$E\int_0^T \int_0^1 |X(t,x) - \tilde{X}(t,x)|^2 dxdt \leq const\left(\delta^2 + \sum_{j=r+1}^{\infty} \lambda_j\right).$$

References

[1] **Ikeda, N.; Watanabe, S.:** Stochastic differential equations and diffusion processes. Amsterdam, 1981.
[2] **Grecksch, W.; Schmalfuß, B.:** Approximation of the stochastic Navier-Stokes equation. Comp. Appl. Math. 15, 1996, 15(3), 227-239.
[3] **Grecksch, W.; Anh, V. V.:** Approximation of stochastic Hammerstein integral equation with fractional Brownian motion input. Monte Carlo Methods and Applications, Vol. 5, No. 4, 1999, 311-323.
[4] **Lin, S. Y.:** Stochastic analysis of fractional Brownian motions. Stochastics and Stochastics Reports 55, 1995, 121-140.
[5] **Grecksch, W.; Anh, V. V.:** A parabolic stochastic differential equation with fractional Brownian motion input. Stochastic Probab. Letters 41, 1999, 337-345.
[6] **Ahlen, E. J.; Novosed, S. J.; Zhang, Z.:** Finite element and difference approximation of some linear stochastic partial differential equations. Stochastics and Stochastics Reports, 1998, 117-142.

Prof. Dr. Ronald Maier

Martin-Luther-Universität Halle-Wittenberg

Knowledge Work and Knowledge Management Systems

1 Introduction

Information and communication systems in support of organizational decision making have traditionally been restricted to (a) well-structured, quantitative, transactional data and (b) a narrow target group, e.g., senior management and staff. With the advent of modern information and communication technologies (ICT), especially Intranet infrastructure, groupware, document and content management as well as workflow management, large semi-structured data sources have been built up that form a valuable basis for organizational decision making. Examples for types of contents are (hyper-) text documents, messaging objects, but also more traditional data base systems that contain experiences, lessons learned, best practices, ideas, questions and answers, employees' skills, contacts of experts and networks of employees. Decision makers could tap into the organizational knowledge base and share knowledge with their colleagues in order to improve their decision making process. Thus, structured, quantitative data should no longer be the sole focus of organizational decision making.

These developments in the ICT basis have been backed by a much broader trend. The transformation of organizations into knowledge-intensive and knowledge-aware organizations has taken place in the last decade at an ever-increasing pace. [1] [2]19ff. In these organizations, the majority of employees are well-educated, creative, self-motivated people, called knowledge workers. Decisions that affect organizational performance substantially are no longer restricted to a narrow group of senior executives. Knowledge workers on all levels of the organizational hierarchy have to take decisions as part of their daily work practices. Thus, the target group of ICT systems that support organizational decision making is extended considerably. An example is the case of a German company manufacturing semi-conductors where 10 years ago only around a dozen people had access to management information systems.

This number has grown to around 300 knowledge workers, engineers as well as executives, who use the largely extended system today.

The goals of this paper are (a) to analyze the consequences of the changes outlined above, especially the largely extended data basis and target group of organizational decision making performed by networks of knowledge workers and (b) to study an ICT solution for the challenges of a greatly extended support of knowledge workers which has been developed recently in the field of knowledge management (KM).

Section 2 of this paper analyzes decision-making in the context of traditional information systems. Section 3 contrasts traditional work and knowledge work and reviews the field of KM that promises support for knowledge workers and an improvement of an organization's way of handling knowledge. Section 4 analyzes knowledge management systems, their roots, architecture and the current state-of-practice. Finally, section 5 concludes the paper.

2 Traditional Information Systems to Support Decision Making

Research on ICT support of decision-making in organizations has a long tradition in the Anglo-American discipline Management Information Systems and the discipline "Wirtschaftsinformatik" in the German-speaking countries. Decision support systems (DSS) have been developed with an explicit focus on organizational decision making or, to be more precise, to support decision makers in the decision process (see e.g., [3] [4] [5] [6]). Executive information systems or, in a broader view, management information systems (MIS) have been introduced in many organizations to help decision makers to collect, organize and navigate the abundant data sources that have been established as a heterogeneous collection of files and data base systems.

Figure 1 shows a model of the data life cycle that starts with generating transactions in transaction processing systems (TPS) handling the present business operations of an organization.

Knowledge Work and Knowledge Management Systems

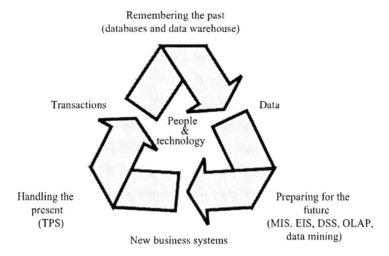

Figure 1:   *The life cycle of data management (source: [33] 11)*

These transactions are stored in data base systems and data warehouses. The latter are subject-oriented, time-variant, non-volatile and integrated collections of data covering a multitude of data sources in support of management's decisions. [7] [8] [9] Both, data bases and especially data warehouses provide access to data, the basic resources for decision-making. The decision-making process is supported by e.g., DSS, MIS, executive information systems (EIS), and on-line analytical processing tools (OLAP) which allow the fast, interactive analysis of multi-dimensional data and data mining tools which e.g., (semi-) automatically generate hypotheses about correlations in the data, cluster data or search for patterns in the data. [10] [11] Decisions might result in new business systems and thus reenter the data life cycle because new kinds of transactions are handled, recorded and analyzed.

This focus on quantitative, relational data could no longer be sufficient as the amount of decision-relevant data collected outside transaction-oriented ICT systems has grown substantially. At the same time, a much higher share of employees has been involved in decision processes. In today's knowledge-intensive organizations, networks of knowledge workers have to be supported by organizational and advanced ICT instruments developed in the field of KM.

3 Knowledge work and knowledge management

Knowledge work can be characterized by a high degree of variety and exceptions and requires a high level of skill and expertise on all levels of the organizational hierarchy. The concept of knowledge work in organizations implies that knowledge is continuously revised, and considered permanently improvable, not as truth, but as a resource. [2] 21 The increasing specialization and fragmentation of less structured organizational data and knowledge as well as the increasing need for speed at which the organization's environment is scanned for threats and opportunities requires that knowledge workers have to work together holding multiple roles in order to perform weakly structured, less foreseeable processes. Complex organizational structures extend the traditional hierarchy in the form of e.g., virtual teams, expert networks, best practice groups and communities of interest. These organizational forms aid cooperation between knowledge workers within and increasingly across organizations.

Table 1 contrasts traditional work, oriented towards structured, quantitative data in relational data bases, and knowledge work with its orientation towards communication and semi-structured documents stored in "knowledge bases". Table 1 also compares the traditional IS-related workspace of an office employee with the modern workspace of a knowledge worker. From an ICT perspective, the main changes occur due to the considerably higher complexity of (semi-structured) data, the increased number of (mobile) equipments accessing these data and the focus on organization-wide and inter-organizational communication and mobility of knowledge workers. [12]

	Traditional Work	Knowledge Work
orientation	data-oriented	communication-oriented
structure	highly structured, deterministic processes (pre-structured workflows)	weakly structured, less foreseeable processes (ad-hoc workflows)
data types	structured data (tables, quantitative data, "hard facts")	semi-structured data (links, hypertext documents, container, office workflows, "soft facts")
data storage	(relational) data bases	content-oriented "knowledge bases", experience data bases, newsgroups, yellow pages, mail folders etc.
data handling	coordination of accesses, integrity, control of redundancy	replication, information sharing, distribution of message objects, search and retrieval, valuation
boundaries	organization-internal focus	focus across organizational boundaries, alliances, co-opetition, (virtual) networks
organizational design	central organizational design	decentral organizational design
group structure	work group, department	project team, network, community
role	one job position per person	multiple roles per person
workspace	fixed workspace	mobile office (virtual office), multiple workspaces
equipment	personal desktop computer	laptop computer, personal digital assistant, mobile phone

Table 1: Traditional Work versus Knowledge Work

Organizations require "knowledge worker support systems" that complement traditional management or executive support systems. The key challenge of these systems is to create an effective environment for the handling of knowledge, especially the sharing of knowledge. The interdisciplinary field of KM introduces concepts and instruments that help to provide such an environment and has recently received increasing attention (e.g., [13] [14] [15] [16] [17] [18] [19] [20] [21] [22] [23] [24] [25] [26]). The term KM describes the management function responsible for the regular selection, implementation and evaluation of goal-oriented knowledge strategies that aim at improving an organization's way of handling knowledge internal and external to the organization in order to improve organizational performance. [25] 48

The concept of knowledge work and instruments of knowledge management arguably provide the basis to analyze and subsequently to motivate the development of a kind of information systems especially suited for KM.

4 Knowledge management systems

Integrated ICT systems to support KM have come to be called knowledge management systems (KMS; e.g., [27] [28] [29] [23] [30] [24] [25] [6] 47). A KMS is an ICT system in the sense of an application system or an ICT platform that combines and integrates functions for the contextualized handling of both, explicit and tacit knowledge, throughout the organization or that part of the organization that is targeted by a KM initiative. A KMS supports networks of knowledge workers in the entire knowledge life cycle the aim of which is to support the dynamics of organizational learning and organizational effectiveness. [25] 76

Comprehensive KMS combine and integrate the functionality of several, if not all of its preceding ICT, especially document and content management, workflow management, groupware, business intelligence, visualization, search engines and e-learning systems. [25] 78ff. There have also been a number of software vendors that extended their systems to include KMS functions. Most of these software systems can be seen as sophisticated ICT infrastructures, also called KM suites. [31]

Examples are Gauss Interprise VIP platform (www.gaussinterprise.com), Hyperwave Information Server and Portal (www.hyperwave.com), Opentext Livelink (www.opentext.com), and Verity K2 Enterprise (www.verity.com). The main differences between KMS and the more traditional preceding ICT systems can be characterized as follows:

Contextualized combination and integration of functionality. KMS combine and integrate functions e.g., for the publication, organization, visualization, distribution, search and retrieval of explicit knowledge as well as identification of experts, communication and cooperation in order to support the handling of implicit knowledge. "Contextualized" means that KMS provide semantic links between explicit knowledge and users, teams, work groups or communities as the holders of knowledge by extensively using meta-data.

Organization-wide focus. The term organization-wide is used here with respect to that part of an organization that is targeted with a KM initiative. The organization-wide focus is reflected e.g., by a standardized taxonomy or knowledge structure (ontology, e.g., [30]). Thus, KMS can be differentiated from groupware with a narrower focus on work groups or project teams.

Intelligent functions. Examples are functions for an automatic analysis and classification of texts, functions for search support, such as ranking or intelligent search agents, functions for user profiling, matching of profiles and network analysis in order to link participants with similar interests, similar search or communication behavior, or similar learning capabilities.

Matching with KM initiatives. KMS are designed "with KM in mind", i.e., their implementation is embedded in a KM initiative. This initiative implements organizational instruments and results in specific contents and bundles of functions of KMS, such as communities of interest, expert networks, project debriefings, lessons learned, best practices or the management of skills with the help of KMS.

Dynamics of organizational learning. KMS designs reflect that knowledge is developed collectively and that the "distribution" of knowledge leads to its continuous change, reconstruction and application in different contexts, by different participants with differing backgrounds and experiences.

Figure 2 gives an overview of an ideal KMS architecture (for details see [25] 195). A knowledge worker accesses the organization's KMS with the help of personalization services (I). These include the adaptation of KMS functions – and contents – to a variety of interfaces, e.g., web browser, messaging client, personal information management on a desktop computer, personal digital assistant, or a mobile phone. The KMS has to be protected by access and security services. Knowledge workers have personalized access with interest profiles, personal category nets and personalized portals. The core knowledge processes –search and retrieval, publishing and collaboration – are supported by knowledge services (II) which are key components of the KMS architecture.

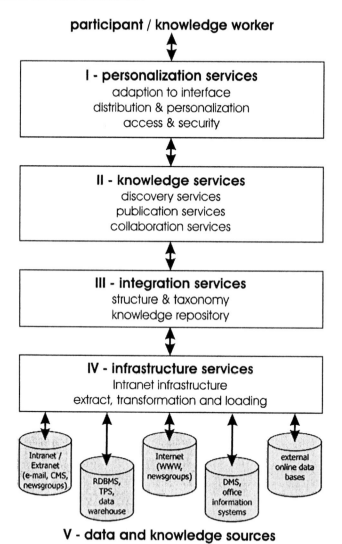

Figure 1:   *KMS Architecture*

Knowledge services work on the basis of integration services (III), e.g., a knowledge repository which handles the organization's knowledge elements and meta-knowledge as well as a common ontology and directories that are required to perform knowledge services. Infrastructure services (IV), e.g., an Intranet infrastructure, provide basic functionality for messaging, teleconferencing, data (file server), document and web content management as well as extract, transformation and loading tools (ETL tools). The data and knowledge sources (V) give some examples of the wide variety of electronic sources which have to be integrated into the KMS.

Just like a data warehouse or MIS architecture, a KMS integrates a number of data sources with the help of ETL tools into a warehouse-like structure which is then accessed by a number of analysis tools. However, the integration is based on a much more complex taxonomy and a KMS consists of additional layers that are required to handle semi-structured data and the consequently more complex functions of publication, discovery and collaboration as well as personalization. Another important difference is that the content stored in a KMS is volatile, because knowledge has to be continuously revised and permanently improved.

Many organizations have experimented with ICT to support their KM initiatives. The pioneering organizations can be found in professional services firms, chemicals and pharmaceuticals companies, but case studies describing investments in KM technologies can be found in almost every sector, be it industry or services (see [19] [32] [24] [25] 291f. [26]). The current state-of-practice can be summarized with the following theses (for a detailed analysis based on a comprehensive empirical study see [25] 281ff.).

Almost all large organizations have an Intranet and/or groupware platform. These platforms together with a multitude of add-on tools provide good, basic KM functionality, e.g., the easy sharing of electronic documents and access to company information. Also, organizations have installed groupware tools in order to support teams and to master the increasing complexity of organizational structure and processes. In many cases, existing management information systems have been extended to include role-specific access to structured and semi-structured data on all levels of hierarchy.

Many KMS functions are implemented, but not used intensively. Large organizations have already implemented many KM-specific functions as part of advanced Intranet infrastructures and groupware platforms as well as more specific solutions such as customer relationship management systems. Many of the functions are not used intensively, in some cases due to technical problems, but mostly because they require substantial organizational change. Therefore, there still seem to be considerable potentials when applying KMS to organizational decision making, if the introduction of the KMS is guided by a corresponding KM initiative.

Most organizations build their own KMS solutions. The majority of organizations relies on organization-specific developments and combinations of tools and systems rather than on standard KMS solutions available on the market. On the one hand, the market for KMS solutions is still a confusing and dynamic one. There is no leading vendor or group of vendors yet and interoperability with other KM-related systems that the organizations have in place is often difficult to realize. On the other hand, organizations might fear that they loose strategic advantages if they exchange their home-grown organization-specific KMS solutions for standard software that might not fit their needs as well as their own solutions.

Integrative KMS functions predominate, but interactive KMS functions catch up. In most organizations up to now there has been a strong emphasis on integrative KMS functions with a focus on explicit, documented knowledge. This is not surprising as large amounts of transactional data and documents had already existed in electronic form and their improved handling and the redesign of decision processes to systematically capture lessons learned and use the document base has provided for a visible and fast improvement of the organization's knowledge base. Recently, there has been a trend towards more collaboration-oriented KMS functions. The technical requirements for a sophisticated support of media-rich electronic communication and collaboration can now be met at a reasonable cost due to advancements in the ICT infrastructure implemented in organizations.

KM-related ICT systems lack integration. In many organizations a multitude of partial systems are developed without an integrating architecture. Only recently, comprehensive KM suites gain market share. Some organizations also build enterprise knowledge portals that at least integrate access to most, if not all organizational and organization-external ICT systems relevant for their knowledge workers. Still, in most organizations the functionality of KM-related ICT systems is largely not integrated and traditional DSS and MIS remain secluded from document and content management as well as communication systems.

KMS are highly complex systems. Comprehensive KMS are highly complex ICT systems because of (1) the technical complexity of the "intelligent" functions that distinguish a KMS from a more traditional system and of the large volumes of data, documents and messages as well as links, meta-data and personalization data that have to be handled, (2) the organizational complexity of a solution that affects business and knowledge processes as well as roles and responsibilities throughout the organization and (3) the human complexity due to the substantial change in the handling of knowledge that is required because KMS have to be integrated into the knowledge worker's ICT-supported work practices.

5 Conclusion

Organizational decision-making is no longer restricted to a small number of (senior) managers and their supportive staff. Knowledge workers who represent the majority of employees in increasingly knowledge-intensive organizations require advanced ICT support that not only covers structured, quantitative data collected from business transactions, but are extended to include semi-structured, qualitative data as found in (hyper-) text documents and messaging objects. KMS promise this support with the help of an integrated set of ICT backed by a number of organizational KM instruments. KMS can play an important role in the transformation of organizations into knowledge-intensive and knowledge-aware organizations.

References

[1] **Drucker, P. F.:** The Age of Social Transformation. In: The Atlantic Monthly, Vol. 274, No. 5, 1994, 53-80.
[2] **Willke, H.:** Systemisches Wissensmanagement. Stuttgart 1998.
[3] **Keen, P. G. W.; Scott Morton, M. S.:** Decision Support Systems: An Organizational Perspective. Reading (MA) 1978.
[4] **Turban, E.:** Decision support and expert systems: management support systems. 4th edition, Englewood Cliffs (NJ) 1995.
[5] **Krallmann, H.; Rieger, B.:** Entscheidungsunterstützendes System (EUS). In: Mertens, P. et al. (ed.): Lexikon der Wirtschaftsinformatik, 4th edition, Berlin et al. 2001, 186-187.

[6] **Mertens, P.; Griese, J.:** Integrierte Informationsverarbeitung 2 - Planungs- und Kontrollsysteme in der Industrie. 9th edition, Wiesbaden 2002.
[7] **Inmon, W. H.:** Building the Data Warehouse. 2nd edition, New York 1996.
[8] **Gray, P.; Watson, H.:** Decision Support in the Data Warehouse. New York 1998.
[9] **Lehner, W.:** Datenbanktechnologie für Data-Warehouse-Systeme. Konzepte und Methoden. Heidelberg 2003.
[10] **Chamoni, P.; Gluchowski, P. (eds.):** Analytische Informationssysteme. Data Warehouse, On-line Analytical Processing. Data Mining, Berlin et al. 1998.
[11] **Grothe, M.; Gentsch, P.:** Business Intelligence. Aus Informationen Wettbewerbsvorteile gewinnen. Munich 2000.
[12] **Maier, R.; Sametinger, J.:** Infotop – An Information and Communication Infrastructure for Knowledge Work. In: Proceedings of the 3rd European Conference on Knowledge Management, Dublin (Ireland), September, 24th-25th, 2002, 423-434.
[13] **Sveiby, K.-E.; Lloyd, T.:** Managing Knowhow. London 1987; based on: Sveiby, K.-E., Risling, A.: Kunskapsföretaget (in Swedish; the Know-How Organization). Malmö 1986.
[14] **Wiig, K. M.:** Management of Knowledge: Perspectives of a New Opportunity. In: Bernold, T. (ed.): User Interfaces: Gateway or Bottleneck?, Proceedings of the Technology Assessment and Management Conference of the Gottlieb Duttweiler Institute Rüschlikon/Zurich (CH), October, 1986, Amsterdam et al. 1988, 101-116.
[15] **Kogut, B.; Zander, U.:** Knowledge of the Firm, Combinative Capabilities, and the Replication of Technology. In: Organization Science, Vol. 3, No. 3, 1992, 383-397.
[16] **Wiig, K. M.:** Knowledge Management Foundations. Thinking about Thinking. How People and Organizations Create, Represent, and Use Knowledge. Arlington (TX, USA) 1993.
[17] **Nonaka, I.; Takeuchi, H.:** The Knowledge Creating Company. New York 1995.
[18] **Davenport, T. H.; Jarvenpaa, S. L.; Beers, M. C.:** Improving Knowledge Work Processes. In: Sloan Management Review, Vol. 37, No. 4, 1996, 53-65.
[19] **Probst, G.; Raub, S.; Romhardt, K.:** Wissen managen: Wie Unternehmen ihre wertvollste Ressource optimal nutzen. 2nd edition, Wiesbaden 1998.
[20] **Hansen, M. T.; Nohria, N.; Tierney, T.:** What's Your Strategy for Managing Knowledge? In: Harvard Business Review, Vol. 77, No. 3-4, 1999, 106-116.
[21] **Zack, M. H. (ed.):** Knowledge and Strategy. Boston (MA, USA) 1999
[22] **Krallmann, H. (ed.):** Wettbewerbsvorteile durch Wissensmanagement. Methodik und Anwendungen des Knowledge Management. Stuttgart 2000.
[23] **Alavi, M.; Leidner, D. E.:** Review: Knowledge Management and Knowledge Management Systems: Conceptual Foundations and Research Issues. In: Management Information Systems Quarterly - MISQ, Vol. 25, No. 1, 2001, 107-136.
[24] **Barnes, S. (ed.):** Knowledge Management Systems – Theory and Practice. London 2002.
[25] **Maier, R.:** Knowledge Management Systems. Information and Communication Technologies for Knowledge Management. Berlin et al. 2002.
[26] **Holsapple, C. W. (ed.):** Handbook on Knowledge Management. Vol. 1+2, Berlin 2003.

[27] **Zack, M. H.:** Managing Codified Knowledge. In: Sloan Management Review, Vol. 40, No. 4, Summer 1999, 45-58.
[28] **Gray, P. H.:** The Effects of Knowledge Management Systems on Emergent Teams: Towards a Research Model. In: Journal of Strategic Information Systems, Vol. 9, No. 2-3, 2000, 175-191.
[29] **Meso, P.; Smith, R.:** A Resource-Based View of Organizational Knowledge Management Systems. In: Journal of Knowledge Management, Vol. 4, No. 3, 2000, 224-234.
[30] **Staab, S.; Studer, R.; Schnurr, H.-P.; Sure, Y.:** Knowledge Processes and Ontologies. In: IEEE Intelligent Systems & their Applications, Vol. 16, No. 1, 2001.
[31] **Seifried, P.; Eppler, M. J.:** Evaluation führender Knowledge Management Suites. Wissensplattformen im Vergleich. St. Gallen (CH) 2000.
[32] **Eppler, M. J.; Sukowski, O. (eds.):** Fallstudien zum Wissensmanagement: Lösungen aus der Praxis. Aufbereitet für die Aus- und Weiterbildung. St. Gallen (CH) 2001.
[33] **Watson, R. T.:** Data Management. Databases and Organizations. 2nd edition, New York et al. 1999.

Prof. Dr. Waleri L. Makarow

State University Moscow, Russische Akademie der Wissenschaften

An Importance of Optimization Technique for Economics

One can emphasize that optimization problems arise long ago. The necessary condition for minimum or maximum, so called first order conditions, is known from the times of differential calculus' invention. So far the first order conditions play an important role in economic theory. A crucial step up was made by Laugrange, who find a way how maximization problem under constraints can be reduced to a maximization problem without constraints.

Optimization problem is often appearing in natural sciences like mechanics, physics and others. One can remember principles of Fermat or Hamilton.

In economics optimality principles are getting common at the end of 19 century after works of Walras, Edzworth, Pareto. Rationality of individual behavior of economic agents becomes dominant in explanation of economic evidence.

An outstanding contribution in economic theory was done by formulation of Welfare Economics. One binds the Welfare Economics with such names as Marshall, Pigout, and Kantorovich. Kantorovich was the first who understood the role of a state as a general optimizator. His initial ideas on the subject were related to a centrally planned economy, what was natural, because a state played crucial role in the centrally planned economy. But Kantorovich expanded his view of the role of a state in market economy too. He argued that a state must use all its tools to maximize peoples' welfare.

In our days the general equilibrium theory leads in economic science and university education.

The literature on the topic contains a number of definitions of equilibrium. The notion of equilibrium depends on sets of possible choices of economic agents. One can talk about standard equilibrium of Arrow-Debreu type, or political equilibrium, where agents vote for public goods' provision or creation of a new institution, club or jurisdiction.

Because of that the problem of equilibrium's calculation arises. It is getting clear that the most efficient way to calculate equilibrium state is to use optimization technique. Nothing is to be surprise in that. The optimization technique is developed near to perfection in comparison with algorithms of fix points' calculation. Thanks to the known results about optimal properties of equilibrium one can invent a kind of iteration process were each step is a solution of an optimization problem.

Let me give a number of examples. The first is a standard Arrow-Debreu model, which represents classic market economy with perfect competition. Hence under known conditions equilibrium is a Pareto optimal state; let us formulate an optimization problem.

Let $E = \{A, K, Y, (u_a, w_a)_{a \in A}\}$ be an economy where

- a — numerical label of an agent
- A — set of agents
- k — goods' number
- K — set of goods
- w_a — wealth of an agent a
- u_a — utility function of an agent a
- x_a — a consumption basket for a
- Y — production set
- y — an element of Y

Let $\alpha = (\alpha_a)_{a \in A}$ is a vector of weights to construct welfare function $\sum_a \alpha_a u_a(x_a)$. Then the optimization problem is formulated in the following way.

Find $\bar{x} = (\bar{x}_a)_{a \in A}$ wich maximize $\sum_a \alpha_a u_a(x_a)$ under conditions $\sum_a x_a = y + \sum_a w_a$, $y \in Y$.

Denote the solution of the problem by $x(\alpha), y(\alpha)$ and dual solution related to the constraints by $p(\alpha)$. Define unbalances $\delta_a(\alpha) = w_a p(\alpha) - x_a(\alpha) p(\alpha)$. If all the unbalances are equal to zero, then the equilibrium is achieved.

So, one should design iteration process of the following type.

$\alpha(n+1) = \alpha(n) + o(n)\delta(\alpha(n))$, where $o(n)$ is a number which provides a convergence of the process.

This is basic idea to calculate equilibrium. In more sophisticated cases it is not enough to trace unbalances. For example in voting equilibrium one should check how many people vote for the optimal alternative. If majority is not achieved then one should increase the weight for those citizens who voted against. In Tiebout model where people vote by feet one need to change the weight for those people who are nor satisfied by location.

Prof. Dr. Jochen Picht, Falk Kretschmar

Martin-Luther-Universität Halle-Wittenberg

Blended e-Learning at the University – Evaluation of e-Learning Options

1 Introduction

During the last year we have been a witness of what we know as the dot com crash. The booming new economy was built by venture capitalists and was founded on exaggerated expectations. Electronic business was the key to easy profits and the market was full of promising e-Business tools. The majority of companies was only looking at the enormous growth rates, without a proper consideration of the risks. Obviously, now it easy to say this was a mistake.

What is true for e-Business in general is also true for electronic based learning in particular. For a successful implementation of e-Learning at the university of Halle - Wittenberg it is crucial to develop a strategic plan. This strategic plan should not only concentrate on the opportunities of e-Learning. It is necessary to reflect the general conditions at the university. On the one hand it is very critical to integrate the new system with the existing technological infrastructure. On the other hand there are certain limitations in all complex organizations. These limitations have to be analyzed to create the right implementation strategy.

In this article we want to present some interesting tools and methods for that purpose. It is our goal to generate the foundation and the theoretical background for a safe transition from a traditional university to a modern learning environment. Part of this environment will be different tools for supporting and integrating collaboration, content development, and knowledge management.

2 Analyzing the general conditions

At this point we want to know more about the existing conditions at the university and how they are influencing the organization. The results of the following steps give a first indication of what to consider throughout the evaluation of the e-Learning options:

1. Interest group analysis
2. Specification of characteristics
3. SWOT-Analysis
4. State of development analysis at the university.

We are taking into account the state of the organization, internal restrictions, and external factors, such as financial limitations. With the help of a questionnaire we want to find out about the different interest groups at the university and their characteristics.

On the one hand students were a major impulse for developing and using small e-Learning tools within numerous seminars. They see value in interdisciplinary collaboration and they want to improve their skills in terms of communication technology. On the other hand there are groups with a more conservative attitude towards e-Learning. It is in the interest of the entire organization to consider the specific needs of all interest groups.

Before we start with a detailed evaluation of the different e-Learning options we should reflect on the following questions:

- What are the requirements of the students?
- In what quality are the requirements put into practice?
- How does IT and e-Learning improve the success of the graduates?
- What are the e-Learning options in consideration of the state of development of the university?
- How should the prioritization of the options be done? (In other words: How do we determine the order of our action plan?)

3 Alternative methods for the evaluation of e-Learning options

3.1 Quality Function Deployment

Quality Function Deployment (QFD) is a formal method for evaluating IT options in general and e-Learning options in particular. The main steps of QFD are:

1. To size the requirements of students
2. To describe the relation between requirements and partial processes
3. To compare the process control to competitors
4. To conclude the specific need of changes
5. To determine priorities.

QFD is process oriented and includes the relation to competitors. The basic schema for determining these relations is a matrix. It is necessary to agree on weights for a specific requirement in relation to a process.

Strong (9) Average (5) by Weak (1) Is influenced	Asset-Management	Collaboration	Check of the learning results	Class planning	Examination planning
Access to scripts from anywhere	9	0	0	0	0
Support in cooperation	1	9	0	0	0
Check the results via a self-test	0	0	9	0	0
Accessibility to all the courses	5	1	1	9	0
Personalization	5	5	5	5	5

Table 1: QFD second step – Relation between requirements & processes

The matrix in Table 1 shows the relation between student requirements and the supporting processes.

The outcome of QFD is a ranking of the relevant e-Learning infrastructure projects. With the help of the matrices from the previous steps we are calculating a final score for each infrastructure project. Management priority and weighting factors are used to derive an organization specific investment category. It is feasible to use the result table as an action plan for strategic infrastructure investment decisions. The whole method can be considered as a simple decision support tool. Table 2 shows an example of a QFD result table.

e-Learning Tools Strong (9) Average (5) by Weak (1) Is influenced Process		e-Learning Tool	E-Mail	LDAP	Sign Card / sign on	Self service	Management-priority
Asset-Management		9	5	9	9	0	38
Collaboration		9	5	9	9	0	23
Check of the learning results		9	0	0	0	0	15
Class planning		0	0	0	0	0	19
Examination planning		0	5	5	5	0	5
Results of e-Learning Tools benchmarking	points	684	330	574	574	135	
	%	30	14	25	25	6	
	weight	1	4	2	2	5	
	Cat.	A	A	A	A	C	

Table 2:   QFD result table – Influence of the e-Learning infrastructure projects on processes

3.2 Portfolio technique according to KPMG

3.2.1 Net-Readiness analysis

The Net-Readiness analysis is a method to examine the specific conditions at the organization. The evaluation of a questionnaire leads to a Net Readiness Scorecard.

It shows the readiness and ability to implement e-Learning at the particular educational institution. In addition to that the results are used for the derivation of the NetIQ. Within the questionnaire we are analyzing the following main aspects:

○ Management

○ Organization

○ Technology

○ Learning ability.

3.2.2 Structuring of e-Learning options

Structuring of e-Learning options means to get an idea of what e-Learning projects are corresponding to the e-Learning readiness of the university. It is the next step of elaborating the action plan for the infrastructure investment decisions. We are using a portfolio with the two dimensions "critical for business" and "degree of innovation". This first portfolio of the KPMG portfolio technique is called the "added value matrix".

The basic statement is that an organization, which is ranked as "expert", can easily concentrate on high degree of innovation and business critical projects. On the other hand an agnostic organization should focus on projects, which are not that innovative and not that critical for business. This is a good approach to reduce the risk of failing with an infrastructure project.

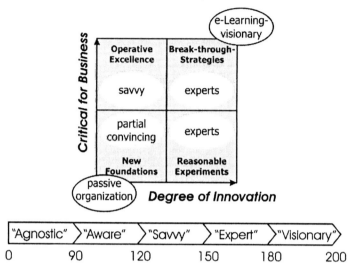

Figure 1: Portfolio for structuring e-Learning projects

3.2.3 Prioritization of e-Learning options

The goal of this step is to derive a list of priorities and an action plan. The tool for the prioritization of e-Learning options is the "Prioritization matrix". It is the second portfolio within the KPMG portfolio technique. "Effects on the success of the educational institution" and "implementation easiness" are the two dimensions, which are creating the following quadrants:

○ Quick Wins

○ Must Haves

○ Low Hanging Fruits

○ Money Pits.

The basic statement is to focus on the "Quick Wins". Projects in this quadrant are easy to implement and have high effect on the success of the university. In addition to that it is obvious that we should avoid projects in the "Money Pits" quadrant.

To get the position of a particular project within the portfolio we use interpretation criteria. Criteria for determining the implementation easiness are:

- Financial restrictions
- Existing technological infrastructure
- Supportive expert knowledge
- Reusable solutions
- Supportive Management.

Criteria for determining the effect on the success of the educational institution are:

- Image improvement
- Better study results
- Time of study reduction
- Reduced break off rate
- Additional source of income.

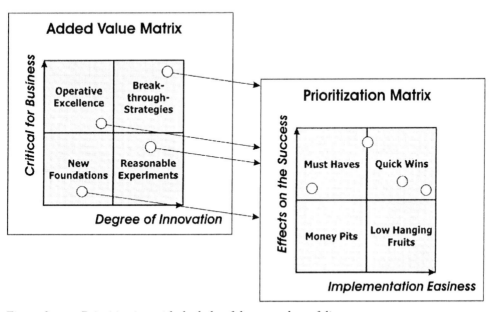

Figure 2:   Prioritization with the help of the second portfolio

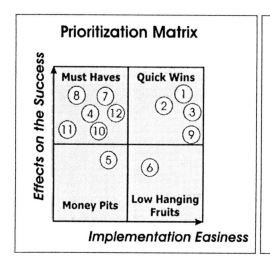

Figure 3:   Deriving a list of priorities and an action plan

The result of the KPMG portfolio technique is a prioritization of e-Learning options and a list of priorities. As a simple action plan we can set up the following:

Start with the "Quick Wins", continue with the "Low Hanging Fruits" as the second step, go on with the "Must Haves" as a third implementation step and avoid the "Money Pits". The great advantage of the portfolio technique is that it includes a reference to the organization specific situation and restrictions. Furthermore it emphasizes the importance of readiness and success as well as the implementation process.

4 Conclusion

As mentioned in the previous chapters of this article we see significant value in analyzing the organization specific restrictions and opportunities at the university of Halle-Wittenberg. The described analysis techniques are a good way to evaluate e-Learning options and to develop a tailored action plan for the implementation of central e-Learning infrastructure at the university. Using these methods as a theoretical foundation can support existing implementation efforts and create a strong impulse for future infrastructure projects.

References

[1] **Müller, A.; v. Thienen, L.:** e-Profit: Controlling-Instrumente für ein erfolgreiches e-Business. Freiburg 2001, S. 124.
[2] **KPMG:** E-Government-Handbuch: Modul eStrategie, Prozessanalyse und -gestaltung – Instrumente. 2002. http://www.bsi.de.

Prof. Dr. Rolf Rogge

Martin-Luther-Universität Halle-Wittenberg

Linear 0-1-Optimization and Recurrent Properties of the Gaussian Coefficients

1 Motivation

The models and methods of Operations Research are integrated in many parts of Business Informatics, especial in Decision Support Systems. Earlier investigations in our research group (together with L. V. Kantorovich) was connected with the development of the complex method ([1] [2]) in linear and integer linear optimization (PC-Software KOLIOP and KOLIOP.MIP).

Some later and actual investigations have the focus in linear 0-1-optimization. The aim is to get a hybrid Partition-and-Cut-Algorithm (PCA) for solving large-scaled problems. The background of the partitioning strategy in the PCA shows the relationship to the Gaussian coefficients.

PCA-Basic Idea:

Given the linear 0-1-optimization problem P_n with n Boolean variables $x_1, ..., x_n$:

$$c^T x \to \max!$$

s.t. $Ax \leq b$

$x_p \in \{0,1\}$ for $p = 1(1)n$

Partitioning: We construct a partition of the problem P_n in $N=(n^3 + 5n)/6+1$ disjunct **linear 0-1-optimization problems** $\hat{P}_n(k,s)$ with $0 \le k \le n$ and $0 \le s \le k(n-k)$ for the integer parameter k and s:

$$c^T x \to \max!$$

s.t. $Ax \le b$

$$\sum_{p=1}^{n} x_p = k$$

$$\sum_{p=1}^{n} p x_p = s + \frac{k(k+1)}{2}$$

$x_p \in \{0,1\}$ for $p = 1(1)n$

Cutting: Because well known $x_p \in \{0,1\}$ for $p = 1(1)n$ is equivalent to

$$\sum_{p=1}^{n} x_p(1-x_p) = 0; \quad 0 \le x_p \le 1, \, p = 1(1)n$$

we get for all constraints in $\hat{P}_n(k,s)$ additional nonlinear cutting constraints (**necessary**). On this way we generate N disjunct **nonlinear 0-1 optimization problems** $\tilde{P}_n(k,s)$.

Throught application the method of equivalent linearization of products of variables (one factor must be integer) we get N disjunct linear 0-1-optimization problems, but we consider only the **relaxed linear optimization problems** $P_n(k,s)$.

Just we consider the properties of $P_n(k,s)$ with the aim to prove that the introduced cutting constraints are **necessary** and **sufficiently**.

2 Gaussian Coefficients

The generating function [3] for the Gaussian coefficient (q-binomial coefficient, Gaussian polynomial [4]) is a polynomial in q with the degree $k(n-k)$; k, n integer and $0 \leq k \leq n$:

$$\binom{n}{k}_q = \sum_{s=0}^{k(n-k)} a_n(k,s) q^s = \frac{(q^n - 1)(q^{n-1} - 1) \cdots (q^{n-(k-1)} - 1)}{(q^k - 1)(q^{k-1} - 1) \cdots (q - 1)}$$

We will denominate the coefficients in the Gaussian polynomial as the Gaussian coefficients $a_n(k,s)$.

It can be proved that the number of feasible binary solutions satisfies the linear equations

$$\sum_{p=1}^{n} x_p = k, \quad \sum_{p=1}^{n} p x_p = s + \frac{k(k+1)}{2}$$

is equal to $a_n(k,s)$. Therefore each problem $\hat{P}_n(k,s)$ in the PCA has maximal $a_n(k,s)$ feasible binary solutions.

Some properties of $a_n(k,s)$:

(1) $\quad \sum_{s=0}^{k(n-k)} a_n(k,s) = \binom{n}{k}$

(2) $\quad \sum_{k=0}^{n} \sum_{s=0}^{k(n-k)} a_n(k,s) = 2^n$

(3)   Distribution of the $a_n(k,s)$, for instance $n = 6$:

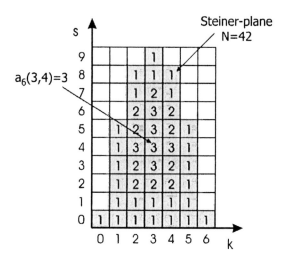

Figure 1:   Distribution of the $a_n(k,s)$

(4)   The range of values for the parameters k, s with $0 \le k \le n$ and $0 \le s \le k(n-k)$ will be denote **Steiner-plane**.

The number of elements of the Steiner-plane is $N = (n^3 + 5n)/6+1$.

3 Recurrent Properties

Theorem 1: (multi-stage recurrence formula)

(1) $a_n(k,s) = 1$ for $k=0$ and $s=0$

(2) $a_n(k,s) = \sum_{i=1}^{\left[n-k+1-\frac{s}{k}\right]} a_{n-i}(k-1, s-(n-k)+i-1)$

for $1 \le k \le n$ and $n-k \le s \le k(n-k)$

(3) $a_n(k,s) = a_n(k, k(n-k)-s)$

for $1 \le k \le n-1$ and $0 \le s \le \min\{k-1, n-k-1\}$

Linear 0-1-Optimization and Recurrent Properties of the Gaussian Coefficients

(4) $\quad a_n(k,s) = a_n(n-k,s)$

for $1 \leq k \leq s \leq n-k-1$.

Proof: We apply the fact that $a_n(k,s)$ is equal to the number of binary solutions of the equation system

(a) $\quad \sum_{p=1}^{n} x_p = k$, $\quad$ (b) $\quad \sum_{p=1}^{n} p x_p = s + \dfrac{k(k+1)}{2}$

for $0 \leq k \leq n$ and $0 \leq s \leq k(n-k)$

(1) This case is trivial.

(2) From (a) follows that $x_{p_1} = ... = x_{p_k} = 1$ $(p_1 < ... < p_k)$ and $x_{p_1} + ... + x_{p_k} = k$.

From (b) follows that $p_1 + ... + p_k = s + \dfrac{k(k+1)}{2}$.

First question: How many combinations $p_1, ..., p_k$ there are which contains n, i.e. $x_n = 1, p_k = n$?

Answer: $\quad p_1 + ... + p_{k-1} = s + \dfrac{k(k+1)}{2} - n$

$\overset{!}{=} s' + \dfrac{(k-1)k}{2}$, i.e. $s' = s - n + k$

$\Rightarrow a_{n-1}(k-1, s-n+k)$ combinations.

Second question: How many combinations $p_1, ..., p_k$ there are which contains not n but contains $n-1$, i.e. $x_n = 0, x_{n-1} = 1, p_k = n-1$?

Answer: $$p_1 + ... + p_{k-1} = s + \frac{k(k+1)}{2} - (n-1)$$

$$\stackrel{!}{=} s'' + \frac{(k-1)k}{2}, \text{ i.e. } s'' = s - n + k + 1$$

$$\Rightarrow a_{n-2}(k-1, s-n+k+1) \text{ combinations.}$$

And so on.

So we get $a_n(k,s) = a_{n-1}(k-1, s-n+k) + ... + a_{n-i}(k-1, s-n+k+i-1) + ...$

Because the Gaussian coefficients $a_n(k,s)$ are defined only for $s \leq k(n-k)$ the sum is terminated by the condition $s - n + k + i - 1 \leq (k-1)(n - i - (k-1))$,

i.e. $i \leq n - k + 1 - \frac{s}{k}$ for $k \geq 1$.

Therefore the greatest index is $i^* = \left[n - k + 1 - \frac{s}{k} \right]$.

Because $s \geq n - k$ we have $s - (n-k) + i - 1 \geq 0$ and $k - 1 \leq n - i$ for $i = 1(1)i^*$.

(3) and (4) These cases are the results from the symmetry properties of the $a_n(k,s)$.

Theorem 2: (one-stage recurrence formula)

(1) $a_n(0,0) = a_n(n,0) = 1$

(2) $a_n(k,s) = a_{n-1}(k,s)$ for $1 \leq k \leq s \leq n - k - 1$

(3) $a_n(n-k,s) = a_n(k,s)$ for $1 \leq k \leq s \leq n - k - 1$

(4) $a_n(k,k(n-k)-s) = a_n(n-k,k(n-k)-s) = a_n(k,s)$ for $2 \leq k \leq s \leq n - k - 1$

(5) $a_n(k,s) = a_{n-1}(k,s)$ for $1 \leq k \leq n - 1$, $0 \leq s \leq \min\{k-1, n-k-1\}$

(6) $a_n(k,k(n-k)-s) = a_n(k,s)$ for $1 \leq k \leq n - 1$, $0 \leq s \leq \min\{k-1, n-k-1\}$

(7) $a_n(k,s) = a_{n-1}(k,s) + a_{n-1}(k-1,s-(n-k))$ for $2 \le k \le [n/2]$,

$$n-k \le s \le n-k + [(k-2)(n-k)/2]$$

(8) $a_n(n-k,s) = a_n(k,s)$ for $2 \le k \le \left[\dfrac{n-1}{2}\right]$, $n-k \le s \le n-k + \left[\dfrac{(k-2)(n-k)}{2}\right]$

(9) $a_n(k,k(n-k)-s) = a_n(k,s)$ for $3 \le k \le \left[\dfrac{n}{2}\right]$, $n-k \le s \le n-k + \left[\dfrac{(k-2)(n-k)-1}{2}\right]$

(10) $a_n(n-k,k(n-k)-s) = a_n(k,s)$ for $3 \le k \le \left[\dfrac{n-1}{2}\right]$, $n-k \le s \le n-k + \left[\dfrac{(k-2)(n-k)-1}{2}\right]$

The proof is similarly to theorem 1. Case (7) shows the analogy to the recurrence formula for the binomial coefficiants $\binom{n}{k}$!

4 Open Questions

Define for $0 \le k \le n$ and $0 \le s \le k(n-k)$ the set

$$A_n(k,s) = \left\{ x : \sum_{p=1}^{n} x_p = k, \sum_{p=1}^{n} p x_p = s + \frac{k(k+1)}{2}, x_p \in \{0,1\}, p = 1(1)n \right\}$$

Then we have $|A_n(k,s)| = a_n(k,s)$.

How to construct all different bit chains $x(i) \in A_n(k,s)$ for $i = 1(1)a_n(k,s)$?

The answer will be helpful in the context of the PCA.

One partial result can be proofed:

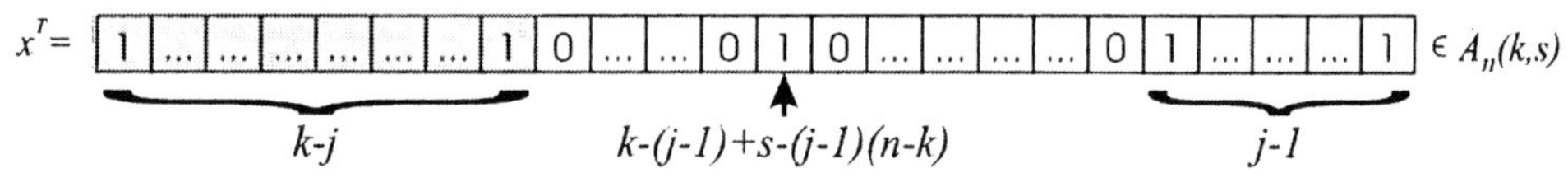

$x^T = $ | 1 | ... | ... | ... | ... | ... | 1 | 0 | ... | ... | 0 | 1 | 0 | ... | ... | ... | ... | 0 | 1 | ... | ... | ... | 1 | $\in A_n(k,s)$

$\underbrace{}_{k-j}$ $\underset{\uparrow}{k-(j-1)+s-(j-1)(n-k)}$ $\underbrace{}_{j-1}$

Figure 2:   Partial Result

References

[1] **Lassmann, W.; Rogge, R.**: Die Komplexmethode in der computergestützten Planoptimierung und Entscheidungsvorbereitung. Operations Research-Spektrum, 01/1990, Berlin 1990.

[2] **Lassmann, W.; Picht, J.; Rogge, R.; et. al.**: Wirtschaftsinformatik-Kalender 2002. Ettlingen 2001.

[3] **Naas, J.; Schmid, H. L.**: Mathematisches Wörterbuch. Band I, Leipzig 1961.

[4] **Stanley, R. P.**: Enumerative combinatorics. Vol. I, Cambridge 1997.

Dr. Jens Schwarzer,

Dipl.-Wirt.-Inf. Christian Sprengel

Martin-Luther-Universität Halle-Wittenberg

A Process-oriented Methodology for Analysing the Cost Effectiveness of RIS/PACS Installations

1 Introduction

Over the last few years information systems in radiological departments became more and more important. They normally consist of these two main parts and functions: [1]

- RIS (Radiological Information System): management of patient data, order entry, order scheduling, documentation of examination, reporting, billing, statistics

- PACS (Picture Archiving and Communication System): image acquisition, image archiving, image communication, image retrieval, image processing, image distribution, image display

The RIS can operate as an autonomous system or be integral part of a HIS (Hospital Information System). In either way there should be a tight integration between RIS and HIS.

Besides the usage of new technologies that increase the quality of diagnosis and reports they are embedded in a transformation process from paper based patient records to fully digitised health records that consist not only of information from public healthcare institutions but also incorporate lifestyle information.

With the obligatory introduction of the German type of DRGs (Diagnosis related groups) in 2007 hospitals are forced to analyse their own strengths and weaknesses in terms of quality and costs to deliver a high treatment quality cost-effectively. Questions on RIS/PACS cost effectiveness should not only be answered by comparing operating costs over a defined period of time and setting them in relation to the investment costs (statically or dynamically). Only a process-oriented approach offers the ability to quantify the alteration of processes resp. workflows while performing a step-by-step implementation of RIS/PACS and to put them into a financial model for calculating the cost effectiveness. [2] [3] The paper presents such a process-oriented methodology that has been successfully applied within two projects.

Due to the steadily increasing number of RIS/PACS installations scientific methods for the evaluation of the effects of such implementations become more and more evident. Research on methods and tools for Business Process Management has been intensive for over 10 years within computer science in economics. [4] This short paper presents a possible approach not only for evaluating organisational issues such as process and workflow alterations but also for answering questions on the cost effectiveness of this type of investment. The methodology is based on a semi-formal visualisation of business processes: the event driven process chain (EPC) introduced in 1992. [5] This type of notation has become widely accepted for process analysis especially in economy and administration within Europe. [6] Beside these classical domains of application the EPC can also be used for Business Process Management (BPM) in healthcare organisations.

2 Methods

Calculating the cost effectiveness consists of three parts to be observed: costs belonging directly to the investment, operating costs and process costs (mainly in terms of personnel costs). Whereas the first two parts can normally be analysed quite easily (provided that the necessary documents and data are available from either the radiological department or the financial controlling) the third part is more complicated to be quantified. Therefore a special approach has to be applied.

This methodology is based on a process analysis with an adjustable level dependant on the given objectives of the analysis (granularity, types of processes etc.) and basically consists of the following main steps:

A Process-oriented Methodology for Analysing the Cost Effectiveness of RIS/PACS Installations 95

I. Process analysis of actual state resp. state before RIS/PACS installation (ex ante or ex post)

   a) Identification of processes (core and support processes) to be modelled
   b) Gathering process parameters (functions, events, organisational units, resources, documents, data from information systems)
   c) Acquiring relevant probabilities on alternate branchings within the process model
   d) Assigning employee categories to certain functions
   e) Process visualisation (extended event-driven process chain (eEPC))
   f) Measuring operating times (empirically or by experts)
   g) Calculation of internal clearing rates for the employee categories
   h) Specifying examination numbers of the core process and its variations
   i) Transferring data to a decision tree model
   j) Calculating process times and costs

II. Process analysis of nominal state resp. state after RIS/PACS installation (ex ante or ex post)

   a) Determining parameters being changed during RIS/PACS installation
   b) Process visualisation (extended event-driven process chain (eEPC))
   c) Recalculate process times and costs according to the substeps given in step I

Step II can be done iteratively for several levels of information technology usage (e.g. RIS and PACS installed separately or combined).

III. Gathering data concerning the costs for the RIS/PACS investment

   a) Capital expenditure for RIS/PACS (hardware, software, training, services etc.)
   b) Constructional investments
   c) Network installation/upgrades
   d) External consulting expenses

e) Internal personnel costs (meetings, project work, training)

f) Costs for organisational restructuring measures

IV. Gathering data concerning the development of the operating costs

a) Maintenance and support contracts (RIS/PACS)

b) Maintenance and support contracts (legacy devices)

c) Administrative expenses

d) Film costs

e) Chemicals

f) Depreciations for archive, equipment, devices

g) Disposal costs

h) Conventional archive costs (fictitious annual extension)

i) X-ray bags / expendable items

V. Financial modelling

a) Total investment expenses

b) Potential savings of annual running costs

c) Amortisation period of investment under consideration of several scenarios

d) Further evaluations when needed (e.g. inpatient/outpatient, modalities, clinics/wards)

3 Results

The explained methodology was successfully applied at two hospitals in Germany (Städtisches Klinikum Lüneburg, Berufsgenossenschaftliche Kliniken Bergmannstrost Halle/Saale [7]). Whereas the first project had an anticipative touch (ex ante) for decision support purposes regarding the purchase of a RIS/PACS the other one was retrospective (ex post) and covered several organisational and economical aspects of a stepwise RIS/PACS implementation.

Taking a closer look at the first project the practical application of the methodology will be explained in detail. At first core processes were identified: inpatient and outpatient examination ranging from patient check-in/order entry to image distribution/reporting/billing and incorporating wards and emergency department. These two core processes appear in three levels: before any IS installation, after RIS installation and after PACS installation. Then examination types according to modalities and the number of examinations were defined. On the basis of interviews, observations and the predefined process environment a semi-formal process model with at least six versions (two core processes with three levels each set up after a corresponding milestone within the project) was generated and iteratively evaluated by the clinical stuff.

Following the steps given in Chapter 2 it was possible to calculate the cost effectiveness of the stepwise installation of RIS and PACS concerning the two core processes. Besides the economical results the RIS/PACS installation project was analysed regarding its technical and social aspects, which led to a better interpretation of the outcomes. For example after RIS installation there was an increase of the time needed for writing a report after image acquisition and findings compared with the state before due to a malfunction within the interface implementation between the RIS and the word processing software.

Figure 1 shows the distribution function of costs for administrative work in the ambulant process of imaging diagnostics as an example for the results of the analysis. Whereas the single installation of RIS has marginal effects the combination of both RIS and PACS leads to a significant decrease of times (by about 32 minutes for every examination) and therefore costs. Similar savings could be proven for other examination types too. The probability of occurrence (y-axis) is being increased within a shorter cost interval (x-axis), which is a sign for a more homogeneous process structure with less alternate branchings. The term administrative work refers to all activities directly associated with the management of orders, images, reports or invoices.

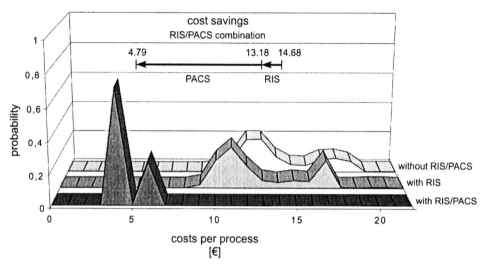

Figure 1: Distribution function of costs for administrative work in the ambulant process of imaging diagnostics

In summary the following outcomes and effects were being discovered by the analysis. Operating costs could be reduced by about 50 % after complete RIS/PACS installation within a fully digitised hospital (image distribution including wards). Process costs savings mainly concern the elimination of search, transport and administrative activities and can only be completely achieved when images and reports are digitally archived. A mixed operating leads to a lower economical benefit as well as installing only RIS or PACS. Concerning the total amount of examinations there is a high decrease of the process costs that is directly proportional to this number. The complete realisation of the above mentioned savings is only possible with a discharge of labour or alternatively with the displacement of capacities from administrative to medical/technical activities with higher examination numbers and therefore higher revenues with the same number of employees. That is the reason for an amortisation interval between 3.8 (with process costs savings) and 12.5 years (without process costs savings) for the given case.

Currently there is another field of ongoing research: to analyse the influence of the installation of a speech recognition software for dictating the findings as a fourth level and to check the predicted long-term effects of the RIS/PACS implementation.

4 Discussion

The necessary process model is not only useful for evaluating the cost effectiveness of RIS/PACS installations but can also form the basis for solving other organisational (business process management, quality management, knowledge management, benchmarking) or information technology related (workflow management, customising, requirements engineering, purchase of off-the-shelf software) problems.

The applicability of the presented methodology can be further increased by the usage of a so-called reference model. [8] Reference models provide reusable patterns for certain views on information systems (e.g. functions, processes, data, objects, organisation) and therefore decrease the costs for analysing and modelling business processes if available for a common application domain, for instance radiological departments. They can either be derived from multiple best practise cases or from theoretical deduction. A short overview about research on such a reference model for diagnostic imaging is given in [9].

References

[1] **Huang, H. K. (ed.):** PACS – Basic Principles and Applications. New York, 1999, 1.
[2] **Andriole, K. P.; Luth, D. M.; Gould, R. G.:** Workflow assessment of digital versus computed radiography and screen-film in the outpatient environment. In: Journal of Digital Imaging 15 (Suppl. 1) 2002, 124-126.
[3] **Knorr, K.; Calzo, P.; Röhrig, S.; Teufel, S.:** Prozessmodellierung im Krankenhaus. In: Scheer, A.-W.; Nüttgens, M. (eds.). Electronic Business Engineering. Heidelberg: Physica, 1999, 487-504.
[4] **Österle, H.:** Business Engineering. Prozessentwicklung und Systementwicklung, Bd. 1: Entwurfstechniken. Berlin, 1995.
[5] **Keller, G.; Nüttgens, M.; Scheer, A.-W.:** Semantische Prozessmodellierung auf der Grundlage Ereignisgesteuerter Prozessketten (EPK). Veröffentlichungen des Instituts für Wirtschaftsinformatik (IWi), Heft 89, Universität des Saarlandes, Saarbrücken, 1992.
[6] **Scheer, A.-W.:** ARIS-Modellierungsmethoden, Metamodelle, Anwendungen. Berlin, 2001.

[7] **Kaden, I.; Schwarzer, J.; Sprengel, C.; Braunschweig, R.; Tolksdorf, D.; Lassmann, W.:** RIS/PACS: Cost effectiveness. European Congress of Radiology, Vienna, 2001.

[8] **Winter, A.; Becker, K.; Bott, O.; Birgl, B.; Gräber, S.; Hasselbring, W.; Haux, R.; Jostes, C.; Penger, O.-S.; Prokosch, H.-U.; Ritter, J.; Schütte, R.; Terstappen, A.:** Referenzmodelle für die Unterstützung des Managements von Krankenhausinformationssystemen. In: Informatik, Biometrie und Epidemiologie in Medizin und Biologie, 30 (4), 1999, 173-189.

[9] **Sprengel, C.:** Anwendung der Referenzmodellierung zur Anforderungsspezifikation von Informationssystemen im Bereich der bildgebenden Diagnostik. In: Ehrenberg, D.; Kaftan, H.-J. (eds.): Arbeitsbericht Nr. 40, Wirtschaftsinformatik-Doktorandenseminar, Leipzig, 2002.

PD Dr. habil. Axel Stolze

Martin-Luther-Universität Halle-Wittenberg

Logistik und E-Commerce

1 Problemdarstellung

In den letzten zwei bis drei Jahren und anhaltend bis heute beherrschen Begriffe und Sachverhalte, wie z. B.

- Globalisierung
- Verkürzung von Produktlebenszyklen
- Konzentration auf Kernkompetenzen
- Verstärkung der Kundeneinbindung in Prozessabläufe
- Atomisierung von Sendungsgrößen in Transporten
- Reduzierung von Entwicklungszeiten in der Informations- und Kommunikationstechnologie
- globale Netzwerkgestaltung

und Diskussionen um E-Kategorien, wie

- E-Business
- E-Commerce oder
- E-Logistics

die Auseinandersetzungen hinsichtlich der Entwicklungen in Unternehmen und Dienstleistungseinrichtungen der Wirtschaft .

Trotz einiger verhaltener ökonomischer Erscheinungen insbesondere zum Ende des zurückliegenden Jahres, ist davon auszugehen, dass diese genannten Inhalte den wirtschaftlichen Fortschritt der nächsten Jahre entscheidend bestimmen und auch prägen werden. In zahlreichen Studien wird diese These untermauert.

Die am Markt etablierten Unternehmen sind gezwungen, sich diesen Herausforderungen zu stellen, wenn sie überleben wollen. Sie müssen sich insbesondere dann mit solchen schnelllebigen Entwicklungen auseinandersetzen, wenn sie bestrebt sind, ihre Position zu festigen oder gar auszubauen. [1]

In besonderem Maße sind von diesen Veränderungen die Unternehmungen aus dem Logistikbereich betroffen, weil die Logistik nach allgemein akzeptierter Ansicht zu einem Erfolgsfaktor geworden ist, der außerordentlich hoch zu bewerten ist.

Bereits seit einigen Jahren wurde erkannt, dass im logistischen Bereich einer Unternehmung ein ungeheueres Rationalisierungspotenzial liegt, das bis vor einiger Zeit in seinem Umfang erheblich unterschätzt wurde.

Die Logistik kann wesentlich dazu beitragen, die Anforderungen, die sich aus den eingangs genannten hochaktuellen Sachverhalten ergeben, umzusetzen.

Die Realisierung dieser Anforderungen durch Unternehmen aus dem Bereich der Logistik führt zu gewaltigen Veränderungen in Aufgabenspektrum und Angebotsstruktur und –vielfalt der Logistikdienstleister.

Um diese neuen Aufgaben deutlich zu machen, ist es sinnvoll, einige Begriffe zu definieren, um deren Inhalte abgrenzen zu können.

2 Inhaltliche Abgrenzungen

Während sich die Logistik bisher innerhalb einer effizienten Gestaltung der physischen Geschäftsprozesse der Informations- und Kommunikationssysteme bedient und diese auch weiterentwickelt hat, tritt die elektronisch unterstützte Geschäftsabwicklung in Form des E-Business zunehmend in den Vordergrund. Dabei stellt die Logistik die notwendige Voraussetzung für eine ökonomisch wirkungsvolle und ertragsorientierte, internetbasierte Geschäftsabwicklung dar. [2]

2.3 E-Business

Unter E-Business wird die elektronische Geschäftsabwicklung verstanden. E-Business umfasst dabei den Austausch von Informationen zwischen Unternehmen (B2B) bzw. zwischen Unternehmen und Kunden (B2C), vgl. Tabelle 1, zur Gestaltung und Abwicklung wirtschaftlicher Transaktionen über private und öffentliche Netze. [3]

	Customer	Business	Administration
Customer	Customer to Customer C2C Internet-Auktionen, Tauschbörsen	Customer to Business C2B Bestellungen, Buchung, Brokerage	Customer to Administration C2A Steuererklärung, Bestellung von Personaldokumenten
Business	Business to Customer B2C Internet-Vertrieb, Produktinformationen	Business to Business B2B Beschaffung, Netzwerksteuerung	Business to Administration B2A Kfz-Anmeldungen, Antragstellung
Administration	Administration to Customer A2C Steuerbescheid, Wahlbenachrichtigung	Administration to Business A2B Beschaffung, Zulassungen	Administration to Administration A2A Informationsaustausch, Auskunftsverfahren

E-Business-Bausteine

Tabelle 1: Abgrenzung relevanter E-Business-Anwendungen [4]

Bestandteil des E-Business ist die Kategorie des E-Commerce.

2.4 E-Commerce

Innerhalb dieser Schnittmenge mit dem E-Business greift ein potenzieller Kunde über das Internet auf das betriebswirtschaftliche System des Unternehmens zu (B2C) und kann Informationen über das Unternehmen und dessen Produkte erhalten und/oder Güter und Dienstleistungen bestellen und bezahlen. [5]

E-Commerce hat nicht nur die Art verändert, wie Waren verkauft werden, es hat vielmehr auch die Art der Lieferung von Waren stark beeinflusst. [6]

Wie noch zu zeigen sein wird, sehen sich die Logistikdienstleister (LDL), insbesondere, aber nicht ausschließlich, im Rahmen des E-Commerce einer großen Vielfalt neuer Aufgabenstellungen gegenüberstehen, die bei entsprechender Wahrnehmung zur Stärkung ihrer Marktposition beitragen können.

Die dargestellten Kategorien

- E-Business und
- E-Commerce

verlangen eine ausgefeilte, ausgereifte und auf elektronische Geschäftsabwicklung ausgerichtete E-Logistics.

2.5 E-Logistics

„E-Logistics beinhaltet die strategische Planung und Entwicklung aller für die elektronische Geschäftsabwicklung erforderlichen Logistiksysteme und -prozesse sowie deren administrative und operative Ausgestaltung für die physische Abwicklung." [7]

Grundvoraussetzung ist dabei Kompetenz in der Arbeit mit den diesen Prozessen zugrundeliegenden Netzwerken. [8]

Aus den knapp gehaltenen Beschreibungen wird klar, dass der inhaltlichen und damit verbundenen physischen Gestaltung logistischer Prozesse eine gewaltige Bedeutung zukommt.

3 Neue Aufgaben der LDL

Nach zu Beginn des neuen Jahrtausends in den USA vorgenommenen Untersuchungen verursachen 100 US $ Umsatz bis zu 25 US $ Logistikkosten auf dem Weg bis zum Endverbraucher. [9]

Während die Nutzung elektronischer Medien im Geschäftsverkehr heute beinahe allgegenwärtig ist, gestaltet sich die physische Umsetzung der vollzogenen Geschäftsabschlüsse häufig noch außerordentlich schwierig.

Neben den Problemen im Zusammenhang mit der Wahrnehmung neuer Aktivitäten der Logistikdienstleister innerhalb der Beschaffungs- und Distributionsprozesse, besteht auch bei der Umsetzung neuer Ideen in den Produktionsabläufen potenzieller Auftraggeber seitens der Logistik vielfach großer Nachholbedarf. Diese Tatsache wird seit längerer Zeit beklagt, zumal sich für Anbieter integrierter Logistiksysteme beste Chancen bezüglich Festigung und Ausweitung der Marktposition und damit Unternehmensstabilisierung bieten.

Natürlich sind Logistikanbieter nach wie vor auf den Feldern tätig, die seit jeher zu ihren Kernkompetenzen gehören. Dazu zählen, wie selbstverständlich, das Transportieren, Umschlagen und Lagern. Darüber hinaus haben sich aber im Zusammenhang mit der Globalisierung der Geschäftsprozesse und der rasanten Entwicklung auf dem IT-Sektor neue Aufgabenfelder ergeben, die den LDL als Systemanbieter am Markt auftreten lassen.

Einige dieser neuen Aufgaben sollen hier kurz vorgestellt werden.

O **Lagerverwaltung**

LDL übernehmen die Bereitstellung und das Management der Lager für den Produzenten. Das schließt das Anbieten einer geeigneten Infrastruktur (Zentrallager, regionale Verteilzentren) ebenso ein wie das eigenständige Disponieren und Nachbestellen, um den Produzenten, ggf. über JIT-Anbindungen, mit Zubehörteilen zu versorgen.

Des Weiteren können Ersatzteilversendungen im Auftrag des Produzenten realisiert werden.

Im Rahmen der Lagerverwaltung können auch „Veredelungen" am zu lagernden Produkt selbst vorgenommen werden, z.B. Neuverpackung oder Belabelung der Erzeugnisse.

- **Kommissionierung**

  Die physische Realisierung von Bestellungen, die im Rahmen des E-Business aufgegeben werden, stellt vielfach ein Problem dar. Insbesondere der Kommissionierbereich kann sich dabei als Schwerpunkt möglicher Verzögerungen herausstellen. Unternehmen, vor allem des Versandhandels, praktizieren deshalb zunehmend ein Outsourcing der gesamten Kommissionierarbeiten, wobei häufig auch das Lagerhandling und die sich anschließende Auslieferung der Waren vom externen Dienstleister übernommen werden. Folgende Schwerpunktaufgaben im Gesamtablauf sind u.a. zu nennen: [10]

  - Prüfung der Bestellungen bei Eingang auf Verfügbarkeit der Ware und Kreditwürdigkeit des Bestellers
  - Übergabe der Bestellung an das Kommissionierzentrum
  - Bestelltermin des Kunden, der unter allen Umständen zu halten ist, ist entscheidend für alle Handlungen
  - Schnell- und Langsamdreher werden gesondert kommissioniert (Wegeoptimierung!)
  - Platzierung der Produkte an flexiblen Kommissionierorten, um möglichst gleichmäßige Auslastung der Stationen zu erreichen.

- **Vor-Ort-Montage**

  LDL, die mit der Auslieferung einer Ware befasst sind, gehen zunehmend dazu über, Mehrwertdienstleistungen anzubieten und zu erbringen, indem angelieferte Erzeugnisse vor Ort aufgebaut und an Versorgungssysteme angeschlossen werden. Vielfach übernehmen diese Dienstleister auch entsprechende Kundendienste, z.B. im Rahmen der Erfüllung von Gewährleistungsansprüchen.

- **C-Teile-Management**

  Das C-Teile-Management belastet Unternehmen insbesondere deshalb, weil niedrigpreisige Artikel kostenaufwendig (analog den A- und B-Teilen) behandelt werden.

Modernes C-Teile-Management greift auf Ressourcen eines LDL zurück. Dabei kann das gesamte C-Teile-Management auf einen C-Teile-Lieferanten, hier den LDL, übertragen werden. In der Regel ist dabei Voraussetzung, dass dieser LDL auch über andere Leistungen auf dem Logistiksektor mit dem Unternehmen verbunden ist. [11]

O **Retourenmanagement**

Ein Gebiet, das zum Leistungsangebot moderner LDL gehören sollte, ist das Retourenmanagement im Auftrag für das die Ware bereitstellende Unternehmen. Insbesondere bei Geschäftsabschlüssen, die im Rahmen des E-Business zustande kommen, muss für ein unkompliziertes und kulantes Retourenmanagement gesorgt sein, weil der Kunde die Ware beim Bestellen physisch nicht begutachten konnte.

Dem Kunden sollten dabei keine zusätzlichen Kosten entstehen. Das für den Kunden kostenfreie Abholen der reklamierten Ware am Zustellort, ggf. auch mehrfaches Anfahren, und eine kostengünstige Gestaltung des Retourenmanagements für den Auftraggeber sollten für den LDL selbstverständlich sein.

O **Aufbau und Nutzung durchgängiger Informations- und Kommunikationssysteme (IKS)**

Der in diesem Beitrag dargestellte Aufgabenwandel, der mit der Entwicklung konventioneller Spediteure zu komplexen Logistikdienstleistungsanbietern verbunden ist, verlangt im Zusammenhang mit allen hier dargestellten Aktivitäten eine intensive informations- und kommunikationsseitige Vernetzung der am Wertschöpfungsprozess beteiligten Partner. Der Kunde ist in diesen Prozess umfassend mit einzubeziehen.

Unter Nutzung von IKS und als Folge des ständig zunehmenden Auslagerns von Logistikaufgaben aus den Produktions- und Handelsunternehmen, entwickeln sich systemintegrierende LDL, siehe auch E-Fulfillment, die am Markt eigenverantwortlich agieren und Systemlösungen anbieten, welche die gesamte Auftragsabwicklung, einschließlich Kundenbetreuung, umfassen. [12]

- **Tracking & Tracing**

  Dieser, vom LDL angebotene Service gestattet dem Kunden ständig, den Sendungsstatus der von ihm georderten Lieferung abzufragen. Aufeinander abgestimmte elektronische Systeme zwischen Zulieferer und LDL sind dafür die Voraussetzung. Damit wird der LDL transparent in die Wertschöpfungskette integriert und für den Kunden Transparenz geschaffen und Vertrauen geweckt. [13]

- **Datenanalysen**

  Aufgaben der Logistik sind in der gesamten Wertschöpfungskette (Supply Chain) verankert. Damit ist ein Bereich umrissen, der eine Vielzahl von Informations- und Warenflüssen vom Beschaffungs- bis zum Verbrauchermarkt umfasst. Außerordentliche Datenmengen sind dabei zu bewältigen, zu analysieren und aufzubereiten.

  Es geht darum, die Daten, die zum Auswerten der Geschäftsprozesse relevant sind, zu erfassen und zu integrieren, um sie auf einer Datenbank ablegen zu können. Eingeschlossen sollten dabei insbesondere auch die Endkunden betreffende Daten sein, denn für umfassende Kundenanalysen stehen in den Produktions- und Handelsunternehmen oftmals keine Ressourcen zur Verfügung.

  Unter Nutzung entsprechender Software finden hochentwickelte LDL hier ein weiteres neues Aufgabenfeld. [14]

  Auch die Möglichkeit des Betreibens eines Call-Centers durch den LDL im Auftrag des Unternehmens ist in dem Zusammenhang zu erwähnen.

- **E-Fulfillment**

  Ein sehr komplexes E-Fulfillment gewinnt als Managementkonzept für Logistikunternehmen zunehmend an Bedeutung. [15]

  Innerhalb dieses Konzeptes realisiert der LDL die insgesamt oder auch zu Teilen ausgelagerte Auftragsabwicklung für ein Unternehmen. Der Gesamtprozess kann von der Bestellannahme über die Lieferung bis zur Retourenabwicklung reichen.

Dabei übernimmt der LDL beispielsweise Teile des Kundenauftragswesens (als sog. „Third Party Logistics Provider" - 3PL) vor und nach der Auslieferung der bestellten Ware.

Dazu können u.a. gehören: Angebotserstellung, Beratung, Bestellannahme, Kundenverwaltung, Retourenbearbeitung, Hotlinebetreuung, After Sales Service und Entsorgung.

E-Fulfillment-Konzepte gewährleisten einen hohen Grad an logistischem Service, weisen allerdings in der Umsetzung nach wie vor erhebliche Schwächen auf, weil der Erfüllung der hohen Ansprüche in den einzelnen Phasen zahlreiche plötzlich und kurzfristig auftretende Widrigkeiten entgegenstehen können. [16]

○ **Logistisches Management der gesamten Supply Chain**

Durch verschiedenartige wirtschaftliche Veränderungen und insbesondere durch die zunehmende Konzentration der in der Wertschöpfungskette agierenden Beteiligten auf ihre Kernkompetenzen haben sich zahlreiche LDL in den letzten Jahren in einem erstaunlichen Maße weiterentwickelt. Diese Entwicklung verlief, wie dargestellt, vom Realisieren klassischer Logistikleistungen bis zum Anbieten umfassender Systemdienstleistungen.

Vielfach sind diese Systemdienstleister (3PL) sehr stark in die Logistikkonzepte ihrer Auftraggeber eingebunden. [17]

Die Auftraggeber übertragen ihrem Logistikpartner das gesamte Management von Teilen der Supply Chain. In diesen Bereichen arbeiten die systemintegrierenden LDL, gestützt auf ihr umfassendes Logistik-Know-How, eigenverantwortlich.

Besonders augenfällig wird dieses innerhalb des Managements der Beschaffungs- und Distributionslogistik, wo zunehmend die gesamte Auftragsabwicklung (einschließlich Kundenbetreuung) von externen Systemdienstleistern übernommen wird. Der Aufbau und die Nutzung durchgängiger IKS sind dabei eine ganz wesentliche Aufgabe der Dienstleister.

Zunehmend wird von den am weitesten gereiften komplexen Logistikanbietern erwartet, sich nicht nur in Teilbereichen der Wertschöpfungskette umfassend zu betätigen, sondern das logistische Management der gesamten Supply Chain zu übernehmen. Dieses setzt allerdings gewaltige Kompetenzen in der Arbeit mit leistungsfähigen IKS und dem Steuern umfangreicher (weltweiter) Service-Netzwerke voraus. [18] [19]

Im Zuge dieser Entwicklung profilieren sich momentan „Fourth Party Logistics Provider" (4PL). „Auf Basis eines durchgängigen, alle Akteure der Supply Chain verbindenden Informations- und Kommunikationssystems, koordiniert und integriert er die beteiligten Partner und sorgt durch Abstimmung der Warenflüsse und Ressourcen in der Supply Chain für eine hohe Effektivität und Effizienz." [20]

Die noch nicht endgültig absehbare Entwicklung kann so weit gehen, dass 4PL'er keine eigenen Transport- oder Lagerkapazitäten besitzen, sondern ihrerseits in diesem Zusammenhang mit Systemdienstleistern (3PL) kooperieren.

○ **Verwaltung virtueller Logistik-Marktplätze**

Eine weitere Aufgabe, die komplexe LDL übernehmen könnten, ist in der Bereitstellung und Betreuung virtueller Logistik-Marktplätze zu sehen. Bisher existieren nur wenige dieser B2B-Marktplätze im deutschsprachigen Raum. [21]

Die Zielstellung könnte lauten, „den zeit- und damit kostenintensiven Aufwand beim Zusammenbringen von Verladern und Befrachtern zu reduzieren: Informationsflüsse beschleunigen, Transparenz schaffen, Leerkapazitäten minimieren". [22]

4 Resümee

An Hand dieser ausgewählten Beispiele soll deutlich werden, dass Logistikunternehmen auf immer globaler werdenden Märkten dann eine gute Entwicklungschance haben, wenn sie zu neuen umfassenderen Leistungsangeboten kommen und bereit sind, sich in komplexe Strukturen im Produktions- und Dienstleistungsbereich zu integrieren.

Die Bedeutung der Logistik als strategischer Faktor der Unternehmensführung ist allgemein anerkannt, allein die Umsetzung der zahlreichen theoretisch vorhandenen Möglichkeiten scheint nach wie vor problematisch zu sein.

Eine breit angelegte internationale Studie in Bezug auf die Entwicklungen der Logistikbranche in den kommenden fünf bis zehn Jahren, hat folgende Ergebnisse erbracht: [23]

- Logistikkosten sind für die Unternehmen ein sehr wichtiger Kostenfaktor, der die Aufmerksamkeit des Spitzenmanagements beansprucht. Investitionen in effiziente Logistik zahlen sich aus.
- Nach wie vor werden logistische Aufgaben isoliert voneinander behandelt. Vielfach fehlt die ressortübergreifende Sicht.
- Dieses verursacht unnötige Kosten. Durch Bereinigung dieser Diskrepanzen können umfassende ökonomische Reserven freigesetzt werden.
- Art und Niveau der Vergabe von Logistikaufgaben an qualifizierte LDL schwanken zwischen Branchen und Unternehmen erheblich.
- Beim Outsourcing von Logistikdienstleistungen gewinnen umfassende strategische Kooperationen zunehmend an Bedeutung.

Aus der Studie wurde weiterhin deutlich, dass auf längere Sicht nur die Logistikunternehmen am Markt eine Überlebenschance haben werden, die

- nicht nur als Anbieter einer Dienstleistung auftreten, sondern sich als Teil eines hochkomplexen Logistiknetzes verstehen,
- über eine hohe Zuständigkeit im Management komplexer Warenströme verfügen,
- entschlossen modernste Informations- und Kommunikationstechnologien einsetzen.

Literatur

[1] **Weber, J.**: Logistik ist gefordert. In: Logistik heute. 10/2001, S. 34.
[2] **Baumgarten, H.**: E-Business braucht (E-)Logistics. In: Logistik heute. 1-2/2000, S. 22.
[3] **Lassmann, W.; Picht, J.; Rogge, R.**: Wirtschaftsinformatik Kalender 2002. Ettlingen 2001, S. 584.
[4] **Baumgarten, H.; Walter, S.**: Trends und Strategien in der Logistik 2000+. TU Berlin 2000, S. 63.

[5] **Lassmann, W.; Picht, J.; Rogge, R.:** Wirtschaftsinformatik Kalender 2002. Ettlingen 2001, S. 594.
[6] **Bayles, D. L.:** E-Commerce Logistics & Fulfillment, Delivering the Goods. Upper Saddle River 2001.
[7] **Baumgarten, H.:** E-Business braucht (E-)Logistics. In: Logistik heute. 1-2/2000, S. 22.
[8] **Weber, J.:** Logistik ist gefordert. In: Logistik heute. 10/2001, S. 36.
[9] **Weller, T.; Spencer, B.; Plapp, Ch.:** Logistik für das E-Business als Herausforderung. In: Logistik für Unternehmen. 4/5-2001, S. 86.
[10] **Weller, T.; Spencer, B.; Plapp, Ch.:** Logistik für das E-Business als Herausforderung. In: Logistik für Unternehmen. 4/5-2001, S. 86.
[11] **Ludwig, A.:** Das ABC der Beschaffung. In: Logistik heute. 04/2000, S. 48.
[12] **Baumgarten, H.; Walter, S.:** Trends und Strategien in der Logistik 2000+. TU Berlin 2000, S. 53.
[13] **Haase, U.:** Tracking & Tracing für online-Kunden. In: Materialfluss. 10/2001, S. 34.
[14] **Zumpe, H.:** Datenauswertung leicht gemacht. In: Logistik für Unternehmen. 04/2002, S. 83 ff.
[15] **Weber, J.:** Logistik ist gefordert. In: Logistik heute. 10/2001, S. 36.
[16] **Baumgarten, H.; Walter, S.:** Trends und Strategien in der Logistik 2000+. TU Berlin 2000, S. 70.
[17] **Neher, A.:** Vision oder Mythos? In: Logistik heute. 09/2001, S. 52 ff.
[18] **Baumgarten, H.; Walter, S.:** Trends und Strategien in der Logistik 2000+. TU Berlin 2000, S. 53 und 55.
[19] **Baumgarten, H.:** Auf halbem Weg. In: Logistik heute. 11/2001, S. 36 ff.
[20] **Neher, A.:** Vision oder Mythos? In: Logistik heute. 09/2001, S. 52.
[21] **Fuchs, K.; Petersen, R.:** Überflieger im Überblick. In: Logistik heute. 06/2001, S. 50 ff.
[22] **Fuchs, K.; Petersen, R.:** Überflieger im Überblick. In: Logistik heute. 06/2001, S. 50.
[23] **Schwarting, D.:** Viele Hürden auf dem Weg zur Schlüsselindustrie. In: Logistik heute. 06/2002, S. 42.

Prof. Dr. sc. oec. Dr. h. c. mult. Leonid V. Kantorovich (1912 – 1986)

Mathematics in Economics: Achievements, Difficulties, Perspectives*

Nobel Prize Lecture to the memory of Alfred Nobel, December 11, 1975

(from Nobel Lectures, Economic Sciences 1969-1980)

(© The Nobel Foundation 1975.)

I am deeply excited by that high honour which fell on my lot and I am happy for the opportunity to appear here as a participant of this honorable series of lectures.

In our time mathematics has penetrated into economics so solidly, widely and variously, and the chosen theme is connected with such a variety of facts and problems that it brings us to cite the words of Kozma Prutkov which are very popular in our country: "One can not embrace the unembraceable". The appropriateness of this wise sentence is not diminished by the fact that the great thinker is only a pen-name.

So, I want to restrict my theme to the topics which are nearer to me, mainly to optimization models and their use in the control of the economy for the purpose of the best use of resources for gaining the best results. I shall touch mainly on the problems and experience of a planned economy, especially of the Soviet economy. Certainly even within these limits I will succeed in considering only a few problems.

1 Specific peculiarities of the problems considered

Before discussing methods and results I think it will be useful to talk about the specific peculiarities of our problems. These are distinctive for the Soviet economy and many of them appeared already in the years just after the October Revolution. Then for the first time in history

---

* Die deutsche Übersetzung ist im zweiten Kapitel des Buches nachzulesen.

all main means of production passed into the possession of the people and there arose the need for the centralized and unified control of the economy of the vast country. This need appeared in very complicated and social conditions and met with some specific peculiarities. The following problems are related both to the economic theory and to the practice of planning and control.

1) First of all, the main purpose of economic theory was altered. There appeared a necessity to shift from study and observation of economic processes and from isolated policy measures to systematic control of the economy, to the common and united planning being based on the common aims and covering a long time horizon. This planning must be so detailed as to include specific tasks to individual enterprises for specific periods and to that common consistency of the whole this giant set of decisions was guaranteed.

It is clear that a planning problem of such scale did appear for the first time, so its solution could not be based on the existing experience and economic theory.

2) Economic science must yield not only conclusions on general economic problems concerning the national economy as a whole but also serve as the basis for solutions concerning single enterprises and projects. So it needs the proper information and methodology to provide decisions that are in accordance with general goals and interests of the national economy. Finally, it must contribute not only general qualitative recommendations but also concrete quantitative and sufficiently precise accounting methods which could provide the objective choice of economic decisions.

3) Together with material flows and funds in capitalist economies there are also studied and directly observed such important economic indices as prices, rents, interest rate in their static and dynamic properties. The indices mentioned serve as the background for all economic calculations, for aggregation, for the construction of the synthetic indices. It became clear that a, consistently planned economy cannot do without indices characterizing the analogous aspects. They could not be observed here and were given as normatives. The problem of their calculation was however not restricted only by technical aspects of calculation and statistics. It is important that in the new conditions similar indices received

a quite different sense and significance, and some problems as to their nature, role and structure arose. For example, it was unclear and open to discussion whether a land rent should exist in a society where land is in the possession of the people or whether such an index as the interest rate has a right to exist.

4) The previous problems are displayed in one more peculiarity of the planned economy. Obviously the economy of such scale and complexity cannot be quite centralized 'up to the least nail' and a valuable part of decisions should be retained for the lower levels of the control system.

The decisions of different control levels and from different places must be linked by material balance relations and should follow the main object of the economy.

The problem is to construct a system of information, accounting, economic indices and stimuli which permit local decision-making organs to valuate the advantage of their decisions from the point of view of the whole economy. In other words to make profitable for them the decisions profitable for the system, give a possibility to check the validity of the work of local organs activity also from the point of view of the whole economy.

5) New problems of control of the economy and new methods put forward the question of the most efficient structural forms of control organization.

Some changes of these forms have taken place both owing to the tendency to perfection of the control system as well as to changes in the economy itself, connected with the increase of its scale, the increasing complexity of connections and with new problems and conditions. The problem of the most efficient structure of a planning system has also a scientific aspect, but its solution is not well advanced.

6) Some complex problems of economic control were generated by the contemporary development of the economy, by the so-called scientific-technical revolution. I mean the problems of prediction and control in conditions of large shifts in the weights of different branches, of the rapid changes in production and technology, national economy. The problems of estimating technical innovations and the general effect of technical progress. The problems of ecology connected with the deep changes of the natural environment under

the influence of human activity, the prospects of exhausting the natural resources. The prediction of social changes and their influence on the economy. The changes in presence of contemporary computational technique, means of communication, managerial devices and so on.

Most of these problems arise also in countries with capitalist economy but in socialist economy they have their own difficulties and peculiarities.

There existed neither experience nor sufficient theoretical foundation for the solving of these hard problems.

The economic theory of Karl Marx became the methodological background of the new created Soviet economic science and of the new control system. A number of its important and fundamental statements on general economical situations turned out to be applicable immediately to a socialist economy. However a practical use of Marx' ideas needed serious theoretical research. There was no practical economic experience under the new conditions.

These problems were being solved practically by governmental bodies and economic executives. They were being solved under the first years of the state in difficult conditions of the Civil war, Devastation and postwar reconstruction. Nevertheless the problem of building up an effective economic mechanism was resolved. I have no possibilities to describe it in detail but I just wish to point out that the system of planning organs was created on the initiative of the founder of our state V. Lenin and simultaneously on the same initiative a system of economic accounting (hozraschet) was introduced which gave a certain financial form of balance and control of separate economic activities.

An evidence of significant efficiency of this mechanism lies in the great improvements of the economy, successful solution of the industrialization problem, of the economic problems of state defence before and during the Second World War, the postwar reconstruction and further development.

The system of planning and economic organs was, improved and altered in connection with new problems. The generalization of this experience built a stock in anticipation of economic theory of the planned socialist economy.

At the same time in our country the necessity of further improvements of the control mechanism, some defects in the use of resources, incomplete realization of the potential advantages of the planned economy were pointed out repeatedly. It was obvious that such improvements should be based on new ideas and new means. This led to the natural idea to introduce and use quantitative mathematical methods.

2 The new methods

The first attempts to use mathematics in the Soviet economic researches were made in the 20-ies. Let me name the well-known demand models of E. Slutsky and A. Konjus, the first growth models of G. Feldman, the 'chesstable' balance analysis done in the Central Statistical Department, which was later developed both mathematically and economically using the data of the US economy by W. Leontiev. The attempt of L. Jushkov to determine rate of investment efficiency received a profound continuation researches of V. Novojilov. The above mentioned researches had common features with the mathematical direction in Western economic science which developed at the same time and was presented in the works of R. Harrod, E. Domar, F. Ramsey, A. Wald, J. von Neumann, J. Hicks et al.

Here I would like to talk mainly about optimization models which appeared in our country in the late 30-ies (and later independently in USA) and which were in a certain sense the most suitable means to treat the problems I have mentioned.

The optimizing approach is here a matter of prime importance. The treatment of the economy as a single system, to be controlled toward a consistent goal, allowed the efficient systematization of enormous information material, its deep analysis for valid decision-making. It is interesting that many inferences remain valid even in cases when this consistent goal could not be formulated, either for the reason that it was not quite clear or for the reason that it was made up of multiple goals, each of which to be taken into account.

For the present the multi-product linear optimizing models seems to be mostly used. I suppose that now it is spread in economic science not less than for instance Lagrange equations of motion in mechanics.

I see no need to describe in detail this well-known model which is based on the description of an economy as a set of main kinds of production (or activities, - the term of professor T. Koopmans), each characterized by use and production of goods and resources. It is well-known that the choice of optimal program i.e. of the set of intensities of these activities under some resource and plan restriction gives us a problem to maximize a linear function of many variables satisfying some linear restrictions.

This reduction has been described too many times so that it can be treated as well-known. It is more important to show those of its properties which determine its wide and various use. I can name the following ones:

a) **Universality and flexibility.** The model structure permits various forms of its application, it can describe very different real situations for extremely different branches of economy and levels of its control. It is possible to consider a series of models where necessary conditions and restrictions are introduced step-by-step while the needed descriptive precision is not reached.

In more complicated cases when the linearity hypothesis significantly contradicts the problem specifics and we must take into account non-linear inputs and outputs, indivisible decisions and non-deterministic information. Here the linear model becomes a good 'elementary block' and the take-of point for generalizations.

b) **Simplicity.** In spite of its universality and good precision the linear model is very elementary in its means which are mainly those of linear algebra, so even people with very modest mathematical training can understand and master it. The last is very important for a creative and non-routine use of the analytical means which are given by the model.

c) **Efficient computability.** The urgency of solving extremal linear problems implied an elaboration of special, very efficient methods worked out both in USSR (method of successive improvements, method of resolving multipliers) and in USA (well-known simplex-method of G. Dantzig), and a detailed theory of these methods. An algorithmic structure of the methods has allowed later to write corresponding computer codes and nowadays modern variants of the methods on modern computers can rapidly resolve problems with hundreds and thousands of restrictions, with tens and hundreds of thousands of variables.

d) **Qualitative analysis, indices.** Together with the optimal planning solution the model gives valuable devices of qualitative analysis of concrete tasks and of the whole problem. This possibility is given by a system of indices for activities and limiting factors which is found simultaneously with the optimal solution and is in accordance with it. Professor T. Koopmans named them 'shadow prices', my term was 'resolving multipliers' since they were used as an auxiliary device for optimal solution finding like Lagrange multipliers. However shortly after their economic meaning and importance for analysis were realized, and they have been named in economic treatment objectively-determined valuations (Russian version gives an obreviation 'o.o.o.'). They have the sense of value indices of goods and factor equivalence, intrinsically determined for a given problem, and showing how the goods and factors can be exchanged in fluctuations of extremal state. Thus these valuations give an objective way of calculating accounting prices and other economic indices and a way of analysing of their structure.

e) **Concordance of the means with the problems.** Though separate firms and even government bodies in states of capitalist economy successfully used these methods their spirit corresponds closer to the problems of socialist economy. Evidence of their efficiency is in their successful application to a number of concrete problems of economic science and operations research. They have such large-scale applications as the long-term planning of some branches of Soviet economy, territorial allocation of agricultural production. Now we are discussing problems of model complexes including the model of long-term planning of the whole national economy. These problems are investigated in special large research institutes - Central economic-mathematical institute in Moscow (headed by academician N. Fedorenko) and Institute of economic science and industry organization in Novosibirsk (headed by academician A. Aganbegjan).

It is necessary to point out as well the current position of optimal planning and mathematical methods in theoretical investigations of Soviet economic science. The linear model has proved a good means of simplest logical description for problems of planning control and economic analysis. It has contributed to significant advancements in pricing problems. For instance, it has given justification of accounting basic funds in production prices, principles of accounting the use of natural resources. It is given also a quantitative approach to reflecting the time factor in investments. Note that a model describing a simple economic index has sometimes a rather sophistical mathematical form (We can mention here as an example a model for the use of a stock of equipment from which the structure of amortization payments was derived).

A problem that needs to be pointed out especially is that of decentralized decisions. The investigation of a two-level model complex leads us to the conclusion that in principle the decentralization of decisions with observance of the total object of the complex is possible by the means of a correct construction of objects in local models. We must point out here a brilliant mathematical formalism of the idea of decomposition given by G. Dantzig and Ph. Wolfe. The value of their paper of 1960 is far from the limits of the algorithm and its mathematical foundation. It gave rise to a lot of active discussions and various treatments in the whole world and particularly in our country.

Together with input-output analysis and optimization models as a result of the activity of a large community of scientists the economic theory and practice was provided with such analytical tools as statistics and stochastic programming, optimal control, simulation methods, demand analysis, social economic science and so on.

Summing up we say that as result of about 15 years of intensive development and spreading of the mentioned methods we have some significant results.

3 Difficulties

The level of development and especially that of applications may cause however a feeling of dissatisfaction. The solving of many problems was not completed. Many applications are episodical, they don't became regular and are not united into a system. In the most complicated and perspective problems, such as those of national planning, have up till now effective and generally acceptable forms for the realization not been found. The attitude to these methods like to many other innovations went sometimes from scepticism and resistance through enthusiasm and exaggerated hopes to some disappointment and dissatisfaction.

Certainly we can say that the results are not too bad for such a short period of time that has passed. We can refer to the longer periods of widespreading of many technical innovations or to physics and mechanics where some theoretical models are not realized in spite of two-hundreds-year experience. However we prefer to mention some concrete problems to clarify the main difficulties and their causes and to outline some ways to overcome them. Difficulties arise both from the specific features of the object under investigation and from defects in the researches and their practical realization.

The economic matter is a difficult object for a formal description in view of its complexity and pecularity. The models emphasize only a few of its aspects and take into account the real economic situation very roughly and approximately, so as a rule it is difficult to estimate the correctness of the descriptions and inferences.

So in spite of the above mentioned universality of the model and its generalizations a routine approach is often non-efficient. A work on each serious model and its practical application demands hard research elaboration with joined efforts of economists, mathematicians and specialists in the concrete field, but even in successful cases the widespreading of the model needs several years, especially for testing and improving of practical instructions.

It is especially important to test the influence of the difference between the model and reality on the obtained result and to correct the result or the model itself. This part of work is not often observed.

The hard thing in a model realization is to receive and often to construct necessary data which in many cases have considerable errors and sometimes are completely absent, since none needed them previously. Difficulties of principle lie in the future prediction data and in the estimation of industry development variants.

The computation of optimal solution has its difficulties as well. In spite of the presence of efficient algorithms and codes practical linear programs are not too simple since they are very large. The difficulties grow significantly when the linear model is modified by any of its generalizations.

It was mentioned that theoretically in the linear model there is a perfect accordance and harmony of the optimal solution and the estimating indices and stimuli based on o.o.o. However real decisions and the work of local bodies are evaluated not by the theoretical indices but by actual prices and methods of assessment which are not so simple to replace. Even if one branch or region adopts its proper indices the disharmonies will appear on boundaries with its neighbours. Moreover various parts of the economic system are described by mathematical models with difficult success and they have not always distinct quantitative characteristics. Thus the industrial production is described better than demand and consuming preferences. At the same time in a wide statement of the plan optimization problem it is natural to tend not only to least possible use of resources but as well to a structure of production which is optimal for consumers. This condition complicates the correct choice of objective function.

Certainly the situation is not hopeless. For instance, one can use an idea of extremal state (i.e. of a state which cannot be improved all-round, 'efficient decision' of A. Wald), which is pithy enough. Then one can make a compromise of a few criteria or be less rigorous and solve the industrial part of the problem by optimization methods and the consuming one by the traditional expert methods. One can try to use econometrics, - too many 'can' mean that the problem is very far from solution.

In planning the idea of decentralization must be connected with routines of linking plans of rather autonomous parts of the whole system. Here one can use a conditional separation of the system by means of fixing values of flows and parameters transmitted from one part to another. One can use an idea of sequential recomputation of the parameters, which was successfully developed by many authors for the scheme of Dantzig-Wolfe and for aggregative linear models.

A solution of newly appearing economic problems, and in particular those connected with the scientific-technical revolution often cannot be based on existing methods but needs new ideas and approaches. Such one is the problem of the protection of nature. The problem of economic valuation of technical innovations efficiency and rates of their spreading cannot be solved only by the long-term estimation of direct outcomes and results without accounting peculiarities of new industrial technology, its total contribution to technical progress.

The accounting methods based on mathematical models, the use of computers for computations and information data processing make up only one part of the control mechanism, another part is the control structure. Thus success of the control depends on to what extent and how there is guaranteed in the system the possibility of personal interest in correct and complete information, in proper realization of decisions achieved. The construction of such interest and of checking systems is not an easy job either.

Moreover, in order to achieve a real spread of the new methods it is necessary that they be studied and mastered by the people who are employed in planning and economic science. It is necessary to reorganize this system, to overcome some psychological barrier, to shift from many-years-used routines to new ones.

For this purpose we have an educational system which serves to acquaint the planning administration up to top level with the new methods. The accounting reorganization usually is combined with the introduction of computerbased information systems. It is clear that such a recognization of methods and consciousness is difficult and time-spending.

4 Perspectives

In spite of mentioned difficulties I am looking optimistically on the prospects of wide spread of mathematical methods, especially those of optimization, in economic science and in all-level economic control. It can give us a significant improvement of planning activity, better use of resources, increment of national income and living standards.

The difficulties of modelling and data creation can be overcome like similar difficulties were overcome in the natural and technical sciences. My hope is based on the more and more intensive steam of research for new methods and algorithms in this field, on the fact of appearance of new theoretical approaches and problem statements, on a series of concrete studies of general and special problems concerning separate economic branches, on the fact that a whole army of talented young researchers work now in this field. A significant progress is now being made in the development of computer hard- and software and their mastering.

The mathematicians, economists and practical managers have achieved a better mutual understanding.

The favourable conditions for the work in this field were given by well-known important statements on control methods and their improvements which were made in last years by our authorities.

Index

Arrow-Debreu model 72
Cost Effectiveness 93
data management 59
Decision support systems 58
E-Commerce 101
eEPC 95
e-Learning 75
E-Logistics 104
extended event-driven process chain 95
fractional Brownian motions 51
Gaussian Coefficients 86
Hilbert space 51
Knowledge Management Systems 57
Knowledge Work 57
knowledge worker 58
Linear 0-1-Optimization 85
Logistik 101
Lösungsfaktoren 20
Markov diffusion 51
Mathematische Methoden 32
Modell 23
Nash-Konzept 36
Net-Readiness analysis 79
Optimierung 43
Optimierungsmodelle 18
Optimization problem 71
optimizing approach 117
organizational learning 63
Parallelisierung 43
Partition-and-Cut-Algorithm 85
Picture Archiving and Communication System 93
Quality Function Deployment 77
Radiological Information System 93
RIS/PACS 93
Simplexmethode 20
Simulation 43
Support Decision Making 58
SWOT-Analysis 76
Transaktionen 35
Verhandlungen 35
Verhandlungslösung 37
verteilte Simulationsmodelle 46
Wong-Zakai Approximation 51

Edition am Gutenbergplatz Leipzig / Erschienene Titel:

Walser, Hans (Basel / Frauenfeld):
Der Goldene Schnitt.
Mit einem Beitrag von Hans Wußing (Leipzig)
über populärwissenschaftliche Mathematikliteratur aus Leipzig.
EAGLE 001: www.eagle-leipzig.de/001-walser.htm ▶ ISBN 3-937219-00-5

Inhetveen, Rüdiger (Erlangen / Bubenreuth):
Logik.
Eine dialog-orientierte Einführung.
EAGLE 002: www.eagle-leipzig.de/002-inhetveen.htm ▶ ISBN 3-937219-02-1

Brückner, Volkmar (Leipzig) / Hrsg.:
Von der Ingenieurschule zur Fachhochschule.
Jubiläumsschrift, Leipzig 2003.
Grußwort: Staatsminister Matthias Rößler (Dresden).
EAGLE 003: www.eagle-leipzig.de/003-brueckner.htm ▶ ISBN 3-937219-03-X

Eschrig, Helmut (Dresden):
The Fundamentals of Density Functional Theory.
EAGLE 004: www.eagle-leipzig.de/004-eschrig.htm ▶ ISBN 3-937219-04-8

Ehrenberg, Dieter / Kaftan, Hans-Jürgen (Leipzig) / Hrsg.:
**Herausforderungen der Wirtschaftsinformatik
in der Informationsgesellschaft.**
Geleitwort: Erwin Staudt (Berlin).
EAGLE 005: www.eagle-leipzig.de/005-ehrenberg.htm ▶ ISBN 3-937219-05-6

Graumann, Günter (Bielefeld):
EAGLE-STARTHILFE Grundbegriffe der Elementaren Geometrie.
EAGLE 006: www.eagle-leipzig.de/006-graumann.htm ▶ ISBN 3-937219-06-4

Hauptmann, Siegfried (Leipzig):
EAGLE-STARTHILFE Chemie.
EAGLE 007: www.eagle-leipzig.de/007-hauptmann.htm ▶ ISBN 3-937219-07-2

Dettweiler, Egbert (Tübingen):
Risk Processes.
EAGLE 008: www.eagle-leipzig.de/008-dettweiler.htm ▶ ISBN 3-937219-08-0

Scheja, Günter (Tübingen):
Der Reiz des Rechnens.
EAGLE 009: www.eagle-leipzig.de/009-scheja.htm ▶ ISBN 3-937219-09-9

Verlagsprogramm und Vorschau: www.eagle-leipzig.de

Edition am Gutenbergplatz Leipzig / Erschienene Titel:

Walser, Hans (Basel / Frauenfeld):
99 Schnittpunkte.
Beispiele – Bilder – Beweise.
EAGLE 010: www.eagle-leipzig.de/010-walser.htm ▶ ISBN 3-937219-10-2

Luderer, Bernd (Chemnitz) / Hrsg.:
Adam Ries and his 'Coss'.
A Contribution to the Development of Algebra in 16th Century Germany.
Geleitwort: Wolfgang Kaunzner (Regensburg) / Hans Wußing (Leipzig).
Gemeinschaftsausgabe mit dem Adam-Ries-Bund Annaberg-Buchholz.
EAGLE 011: www.eagle-leipzig.de/011-luderer.htm ▶ ISBN 3-937219-11-0

Pieper, Herbert (Berlin):
Netzwerk des Wissens und Diplomatie des Wohltuns.
Berliner Mathematik, gefördert von A. v. Humboldt und C. F. Gauß.
Geleitwort: Eberhard Knobloch (Berlin).
Gemeinschaftsausgabe mit der Alexander-von-Humboldt-Forschungsstelle der
Berlin-Brandenburgischen Akademie der Wissenschaften.
EAGLE 012: www.eagle-leipzig.de/012-pieper.htm ▶ ISBN 3-937219-12-9

Lassmann, Wolfgang (Halle/S.) / Schwarzer, Jens (Leipzig) / Hrsg.:
Optimieren und Entscheiden in der Wirtschaft.
Gewidmet dem Nobelpreisträger Leonid W. Kantorowitsch (1912-1986).
Mit seiner Nobelpreisrede vom Dezember 1975.
EAGLE 013: www.eagle-leipzig.de/013-lassmann.htm ▶ ISBN 3-937219-13-7

Neumann, Olaf (Jena) / Hrsg.:
Bernhard Riemann / Hermann Minkowski,
Riemannsche Räume und Minkowski-Welt.
150 Jahre B. Riemanns Habilitationsvortrag, Göttingen 1854.
Mit Originalarbeiten von
Bernhard Riemann, Hermann Minkowski,
Richard Dedekind, David Hilbert
und dem von Olaf Neumann verfassten Essay
"Riemann, Minkowski und der Begriff 'Raum'"
Geleitwort: Hans Wußing (Leipzig).
EAGLE 014: www.eagle-leipzig.de/014-neumann.htm ▶ ISBN 3-937219-14-5

Franeck, Heinzjoachim (Freiberg / Dresden):
EAGLE-STARTHILFE Technische Mechanik.
Ein Leitfaden für Studienanfänger des Ingenieurwesens.
EAGLE 015: www.eagle-leipzig.de/015-franeck.htm ▶ ISBN 3-937219-15-3

Verlagsprogramm und Vorschau: www.eagle-leipzig.de